William Shakespeare

Dramatische Werke - Zähmung einer Widerspenstigen

William Shakespeare

Dramatische Werke - Zähmung einer Widerspenstigen

ISBN/EAN: 9783743642409

Hergestellt in Europa, USA, Kanada, Australien, Japan

Cover: Foto ©ninafisch / pixelio.de

Weitere Bücher finden Sie auf **www.hansebooks.com**

William Shakespeare's Dramatische Werke.

Uebersetzt
von

Friedrich Bodenstedt, Nicolaus Delius, Ferdinand Freiligrath, Otto Gildemeister, Georg Herwegh, Paul Heyse, Hermann Kurz, Adolf Wilbrandt.

Nach der Textrevision und unter Mitwirkung von Nicolaus Delius.

Mit Einleitungen und Anmerkungen.

Herausgegeben
von
Friedrich Bodenstedt.

Siebenundzwanzigstes Bändchen.

Leipzig:
F. A. Brockhaus.
1870.

Zähmung einer Widerspenstigen.

Von

William Shakespeare.

Uebersetzt

von

Georg Herwegh.

Mit Einleitung und Anmerkungen.

Leipzig:
F. A. Brockhaus.
1870.

Zähmung einer Widerspenstigen.

Einleitung.

„Der Widerspenstigen Zähmung", „Die Zähmung der Zänkischen", „Die gezähmte Keiferin", „Die gezähmte Widerbellerin", „Der gebrochene Trutzkopf", „La Mégère domptée" — lauter Uebersetzungsversuche von „The Taming of the Shrew" — erschien zum ersten mal in der Folio von 1623. Eine ältere Komödie dieses Namens wurde bereits im Jahre 1594 gedruckt und durch die Schauspieler des Lord Pembroke dargestellt. Der vollständige Titel derselben lautet: „Pleasaunt Conceited Historie, called The Taming of a Shrew. As it hath beene sundry Times acted by the right Honourable the Earle of Pembrooke his Servants." Schon im Jahre 1596 erschien eine zweite, und im Jahre 1607 eine dritte Auflage davon. Im Jahre 1776 wurde sie von Steevens und noch später von der Shakespeare-Society neu herausgegeben.

Da das ältere Drama außer den Personennamen, und großentheils selbst dem Stile nach, fast identisch ist mit dem unter Shakespeare's Namen erschienenen Stücke, so entstand natürlich die Frage, ob Shakespeare das Werk eines andern, oder sein eigenes verbessert und veredelt habe. Pope, weil er der zweiten Meinung war, hat in seiner Ausgabe vieles aus dem Stück von 1594 eingeschoben, was von andern später wieder hinausgeschoben wurde. Ob mit Recht, bleibe dahingestellt, denn die Ausgabe von 1623 läßt das Vorspiel ohne eigentlichen Schluß; aber vielleicht nur weil Shakespeare sich auf die Schauspieler, die das alte Stück kannten, verlassen konnte und verließ. Wer der oder die Verfasser des ältern Stückes seien, wenn es nicht Shakespeare oder Shakespeare allein ist, ob Greene, oder Marlowe und Greene, oder Marlowe, Greene und Shakespeare, darüber gehen die Meinungen auseinander.

Pope wurde hauptsächlich bekämpft von Malone und Steevens, die unter anderm geltend machten, daß die Pembroke'sche Truppe eine Concurrenztruppe der Shakespeare'schen gewesen sei, obschon

Shakespeare mit Greene und Marlowe zusammen während der drei ersten Jahre seines Londoner Aufenthalts für jene gearbeitet zu haben scheint; Shakespeare habe das Stück nur umgearbeitet, wie den ältern „König Johann". In der That sind auch in dem neuen Drama zweierlei Stile unverkennbar. Ganz unhaltbar ist eine dritte Meinung von Hickson, daß das 1594 gedruckte Stück eine Verschlechterung des Shakespeare'schen sei.

Wann das Stück zum ersten mal aufgeführt wurde, wissen wir nicht. In Francis Mere's „Palladis Tamia" (1598) wird desselben nicht erwähnt; Delius meint, weil man es nicht für ein Originalwerk ansah. Einen bessern Anhaltspunkt gewährt uns die Anspielung auf ein Drama von Heywood „Eine Frau, die man durch Zärtlichkeit umbringt", im vierten Act unserer Komödie. Henslowe in seinem Tagebuch berichtet, daß dieses Stück 1602 oder 1603 aufgeführt wurde. Auch Fletcher's „Women pleased", das um 1604 verfaßt wurde, ist dem Dichter unsers Lustspiels bekannt. Farmer endlich will in dem Umstande, daß der Name Battista in der „Zähmung" richtig als Mannes-, im „Hamlet" (1601) dagegen noch als Frauenname gebraucht ist, einen neuen Anhaltspunkt für die Zeit der Abfassung und der Aufführung finden. Wenn auch das ältere Stück eine Jugendarbeit Shakespeare's wäre, was wir nicht glauben, so müßte es aus der Periode der „Beiden Veroneser", der „Verlorenen Liebesmüh", der „Komödie der Irrungen" stammen. Darauf weisen die Knittelverse hin, die Clowns, die stehenden Masken wie Gremio und Minola, die Schulreminiscenzen, das beliebte Prügeln des Dieners durch den Herrn, diesmal sogar des Mannes durch die Frau und der Schwester durch die Schwester, andererseits eine Art Kameradschaft zwischen Tranio und Lucentio, die an eine ähnliche in den „Veronesern" erinnert.

Ist aber das ältere Drama kein Jugendwerk Shakespeare's selbst, so wird sich schwer bestimmen lassen, wann er verbessernde Hand an das Drama gelegt hat. In den Scenen zwischen Petruccio und Katharina kommen Stellen vor, die auch aus der reifsten Periode des Dichters herrühren könnten. In den Scenen zwischen Bianca und ihren Freiern dagegen will Grant-White eine dritte Hand entdecken. Vielleicht brachte ihn auf diesen Gedanken die Zusammenziehung unserer Komödie aus eigentlich drei Komödien, deren jede ihr besonderes Bühnenleben geführt hatte oder noch führt.

Die erste Komödie ist die Geschichte vom Lord und Kesselflicker, der wir in verschiedenen Gestaltungen, in „Tausendundeiner Nacht" als Geschichte vom Schäfer Abu Hassan und Khalifen Harun, in Calderon's „Leben ein Traum", in Holberg's „Jeppe paa Bierge", wiederbegegnen. Ein alter Historiker, Heuterus, schreibt

Philipp dem Guten, Herzog von Burgund, einen ähnlichen Einfall zu wie unserm Lord; ein englischer Schriftsteller, Richard Bartley, denselben Einfall dem Kaiser Karl IV. Es ist das einzige Vor- und Nachspiel in Shakespeare's Dramen und möglicherweise durch Kyd's „Spanische Tragödie" oder „Hieronimo" veranlaßt. Der blödsinnige Säufer ist ein dritter Typus von Trunkenbold neben Falstaff in „Heinrich dem Vierten" und Junker Tobias in „Was ihr wollt".

Die zweite Komödie ist die Geschichte von Lucentio und Bianca und einer der besten italienischen Komödien, den „Suppositi" des Ariosto, entnommen. Diese „Suppositi" wurden schon im Jahre 1566 von Gascoigne ins Englische übersetzt und konnten von dem Verfasser des ältern Stücks, wenn es nicht Shakespeare selbst war, benutzt werden; denn daß Shakespeare selbst keiner Uebersetzung bedurfte, sondern Italienisch verstanden und gelesen habe, ist mehr als wahrscheinlich. Auch Klein in seinem originellen, nicht genug zu rühmenden Werke, einem Unicum deutschen Fleißes, in seiner „Geschichte des Dramas", macht bei der Besprechung von Bernardo Accolti's „Virginia" (Florenz 1513), dem wahrscheinlichen Vorbild von „Ende gut, alles gut", hierauf aufmerksam. Außerdem führten die italienischen Stegreifspieler in London und in Windsor auch Commedie erudite auf. Die „Commebianten von Ravenna" werden, nach Klein, in Whetstone's „Heptameron" (1582) erwähnt. Der uns aus der ersten Scene bekannte Jeronimy in Kyd's „Spanish Tragedy" sagt: „The Italian Tragedians were so sharp of wit that in one hour's meditation they would perform anything in action." Alle Personen der „Suppositi", den Parasiten ausgenommen, finden sich auch in unserm Stücke. Aus dem Sienesen, dem lächerlichen Provinzialen, ist der Pedant geworden. Die „Suppositi" haben, wie Ariost selbst erklärt, ihren Namen
vom Unterschieben, das
Mit Greisen hier stattfindet und mit Jünglingen.
Natürlich fällt die Figur der Katharina weg. An die Stelle der Bianca tritt Polinesta, die ihr Vater Damonio (Battista) dem alten Doctor Cleandro (Gremio) vermählen will. Polinesta=Bianca liebt den Erostrato=Lucentio, der aber nicht als Sprachlehrer bei der Geliebten Eingang zu finden sucht, sondern geradezu als Diener unter dem Namen Dulippo (Tranio) im Hause derselben lebt, während Dulippo=Tranio, Erostrato=Lucentio's Diener, den Erostrato in Ferrara zu spielen hat, wie Tranio den Lucentio. Aber auch Dulippo=Tranio als Erostrato=Lucentio bewirbt sich um Polinesta=Bianca bei ihrem Vater, um, wie Tranio den Gremio, den alten Doctor Cleandro durch das Angebot eines größern Witthums hinzuhalten und auszustechen, bis sein, Erostrato=Lucentio's, Vater,

Filigono-Vincentio aus Catanea, in Ferrara eingetroffen sei. Wie in unserm Stück hat Dulippo-Tranio diesen Vater ebenfalls auf der Straße aufgegabelt, einen Magister (Mercatante oder Pedante) aus Siena, den er mit ähnlichen Schreckmotiven, daß der Herzog von Ferrara wüthend sei auf die Sienesen u. s. w., zu seiner Rolle beredet; die Geschäfte, die er in Ferrara habe, könne er auch als Sicilianer erledigen. Der Magister quartiert sich bei Dulippo-Erostrato als dessen Vater ein, und denkt, was er als angeblicher Filigono aus Catanea unterschreibe, das Angebot von 3000 Dukaten, brauche er als Sienese nicht zu zahlen. Hier steht Ariosto unbedingt über Shakespeare durch die Art und Weise, wie Dulippo-Erostrato den Sienesen zu dieser Unterschrift bewegt, und durch die ergötzliche Scene zwischen dem Sienesen und seinem Diener, welcher den Namen Filigono aus Catanea nicht behalten kann und deshalb vorschlägt sich stumm zu stellen. Bei Ariost wie bei Shakespeare kommt der wirkliche Filigono-Vincentio mit seinem Diener Licio an. (Unter dem Namen Licio führt sich Hortensio als Musiklehrer bei Battista ein. Auch den Namen Petruccio fand Shakespeare in der Gascoigne'schen Uebersetzung.) Da Ariost noch den Nebenzweck hatte, die ferraresische Rechtspflege zu geißeln, so läßt er den echten Filigono sich an den Advocaten Cleandro wenden. Bei Shakespeare wird endlich alles in loco erledigt und die Nebenfabel abgeschlossen, bei Ariost kommt noch ein fünfter Act hinzu. Eine glückliche Aenderung bei Shakespeare ist, daß er das verdächtige Verhältniß zwischen Polinesta und Erostrato, die wie Mann und Frau im Hause des Damonio-Battista leben, zu beseitigen wußte.

Das dritte Stück endlich in unserm Stücke wäre die Geschichte von Petruccio und Katharina, welche Garrick als abgesonderte Posse in drei Acten im Jahre 1756 zu London herausgegeben hat. Die Posse soll nach Gervinus eine ganz plumpe Caricatur sein und das Spiel des Petruccio auf der Bühne ein so roh ausgelassenes, daß er die Katharina mit der Gabel in den Finger sticht und, als er sie von der Bühne wegreißt, zu Boden wirft. Gervinus fügt hinzu, daß das Stück noch jetzt so gegeben werde, als eine Schlußfarce, mit allen widerlichen Ueberladungen einer ganz gemeinen Possenreißerei, selbst nachdem 1844 in Haymarket das echte Stück wieder in Scene gesetzt und mit Beifall gegeben worden sei. Was nun das Verhältniß des letztern zu dem ältern Lustspiel betrifft, so möge Folgendes genügen: Statt der zwei Töchter des Battista haben wir in dem ältern Stücke ihrer drei, und statt der drei Nebenbuhler um Bianca nur die zwei Freier Polidor-Hortensio und Aurelius-Lucentio, die sich freilich in die beiden jüngern Töchter des Alfonso-Battista theilen, indem sich Aurelius-Lucentio, wie im Shakespeare'schen Lustspiel, unter falschem Namen einführt. Die

Vermählung der beiden jüngern Töchter wird ebenfalls von der Verheirathung der ältesten abhängig gemacht; überdies verspricht der Vater dem Ferando=Petruccio noch 6000 Kronen, wenn es ihm gelingt Katharina's Liebe zu gewinnen; der Scene zwischen Katharina und Bianca entspricht keine ähnliche im ältern Stücke; die Bewerbung Ferando=Petruccio's um Katharina und deren Erfolg ist ganz kurz und letzterer erst durch Shakespeare's witzige Erweiterung wahrscheinlicher gemacht. Dagegen sind im ältern Stücke die Späße von Ferando=Petruccio's Diener, Sander=Grumio, und von Polidor=Hortensio's Burschen ziemlich weitläufig. Der Musikunterricht an Katharina durch Valeria=Tranio, den verkleideten Diener des Aurelius=Lucentio, wird auf der Bühne wirklich ertheilt, während im Shakespeare'schen Drama Hortensio mit zerschlagenem Kopf die Scene nur berichtet. Ferner findet sich im ältern Stück noch eine kleine Scene zwischen Katharina und Ferando=Petruccio vor der Trauung, bei welcher Gelegenheit viel geographisch-mythologische Gelehrsamkeit in ziemlich geschmackloser Weise ausgekramt wird. Dagegen fehlt die vortreffliche Erzählung Gremio's, wie es bei der Trauung hergegangen sei. Im übrigen reist auch hier das Paar gleich nach der Trauung ab, und Katharina wird durch Ferando damit getröstet, daß das eigentliche Hochzeitfest mit dem der andern Schwestern gefeiert werden soll. Die Scene zwischen Curtis und Grumio auf dem Landhause Petruccio's ist im ältern Stücke wieder ganz kurz, und auch die Ankunftsscene von Katharina und Petruccio durch Shakespeare erweitert. Im ältern Schwank verzehren die Diener das umgeworfene Essen. Statt Bianca erkundigt sich Valeria=Tranio nach der Zähmungsschule. Die Scene (Act 4, Scene 3) zwischen Katharina und Grumio auf dem Landhause des Petruccio ist im ältern Stück viel derber gehalten. Sander=Grumio schlägt unter anderm der Katharina Hammelfleisch mit Knoblauch vor und ergeht sich dann über die Eigenschaften des letztern; schließlich droht Katharina dem Sander ihm das Fleisch von seinem Gesicht abzuziehen und zu verspeisen. Ferando=Petruccio bringt ein Stück Fleisch auf der Dolchspitze statt auf einer Platte. Die Scene zwischen Tranio und dem Pedanten (Act 4, Scene 2) fehlt, ebenso die Scene mit dem Modehändler. Der Hauptwitz in der Schneiderscene mit dem Take up the gown ist dem ältern Stücke wörtlich entnommen. Im letztern folgt sodann eine abermals mit mythologischen Reminiscenzen geschmückte Schäferscene zwischen den beiden Pärchen Polidor Emelia und Aurelius Filenia. Legitime Heirath der beiden jüngern Töchter, und keine heimliche Trauung. Der Herzog von Sestos, der echte Vincentio, wird von Katharina und Petruccio ebenfalls als Dame begrüßt, aber in dem Glauben, daß man ihn dafür halte, gelassen;

der falsche Vincentio, Filotus, durch den Herzog von Sestos ent=
larvt, der anfänglich etwas mehr Schwierigkeiten macht als der
echte Vincentio in Shakespeare's Lustspiel, die Zustimmung zu der
Heirath seines Sohnes zu geben. Die Wette um den Gehorsam
der Frauen ist in beiden Stücken sehr ähnlich, bis auf die große
Schlußrede der Katharina, die in unserm Lustspiel gänzlich um=
gearbeitet erscheint. Auch legt Katharina im ältern Stücke ihre
Hand wirklich unter den Fuß ihres Gemahls.

Wie verwerflich wir auch einzelne Aeußerungen Petruccio's und
seine in Schweinsleder gebundenen Ansichten über das schöne Ge=
schlecht finden mögen, so viel bleibt gewiß, eine feinere Natur als
er hätte das Problem, wie es einmal vorlag, nicht zu lösen ge=
wußt. Solche Metamorphosen eines weiblichen Charakters sind eine
große Seltenheit, und ein Sokrates wird mit einer Xantippe nicht
fertig werden. Petruccio denkt über die Frauen ungefähr wie der
Onkel als Neffe über die Franzosen: „Il faut leur faire sentir la
main d'un maitre." Der Erfolg hat ihnen in der großen wie in
der kleinen Komödie bisjetzt recht gegeben. Ueberdies wird es im=
mer schwer halten, einen einmal volksthümlich gewordenen Schwank
mit dem Firnis glätterer und schlüpfrigerer Sitten zu überziehen,
abgesehen davon, daß Shakespeare's Zeit noch keine solche Salon=
Leimsiederperiode war wie die unsrige. Daß aber der Stoff un=
serer Komödie äußerst volksthümlich gewesen, wird uns durch die
Literaturgeschichte vielfach bezeugt. „Die Hauptfigur unsers Lust=
spiels" (the shrew), sagt Gervinus, „gehörte zu den Lieblings=
gegenständen einer frohsinnigen, lachlustigen Zeit; Gedichte und
Schwänke erzählten von keifischen Weibern; in einer Farce: «Tom
Tiles und sein Weib» wurden die Leiden eines unterjochten Ehe=
manns schon 1569 von Kindern aufgeführt; in Chettle's «Griseldis»
bildet die Episode von dem welschen Ritter und der shrew, die er
heirathet, das Gegenstück zu der geduldigen und sanften Heldin des
Stücks."

Bouchet in seinen „Serées" und Abraham a Santa Clara im zwei=
ten Theil seines „Judas der Erzschelm" erzählen von einem Manne,
der eine böse Frau gehabt, die er jedesmal wenn sie schrie in
eine Wiege gelegt und so lange gewiegt habe, bis sie schwieg. Ja
das Shakespeare'sche Stück selbst ward sehr früh in Deutschland ein=
gebürgert. Reinhold Köhler, dem wir die eben gegebene Notiz
entlehnt haben, hat bei Gelegenheit des Shakespeare=Jubiläums ein
allerliebstes Büchlein veröffentlicht, welches den Titel führt: „Kunst
über alle Künste, ein bös Weib gut zu machen. Eine deutsche
Bearbeitung von Shakespeare's «The taming of the shrew», aus
dem Jahre 1672." Der Herausgeber bemerkt dazu, daß es die

erste gedruckte Bearbeitung eines Shakespeare'schen Lustspiels so
die dem Original dergestalt sich anschließe, daß er es mit geringen
Abänderungen unter dem deutschen Text habe abdrucken lassen kön=
nen. Der Verfasser nennt es ein Stück von italienischem Ursprunge,
wahrscheinlich, weil es mit italienischen Namen aufgeführt wurde,
und will es aus dem Kopfe geändert und hinzugeschrieben haben,
hat es aber offenbar, wie Köhler mit Recht behauptet, nach einem
Bühnenmanuscript verdeutscht. Der Uebersetzer nennt sich nicht und
findet es gleichgültig, wie ein Kätzchen heißt, wenn es nur gut
mauset. Schon im Jahre 1658 führt Gottsched in seinem „Nöthi=
gen Vorrath" (1, 200) ein Stück an: „Die wunderbare Heurath
Petruccio's mit der bösen Catharine." Im Jahre 1672 wurde, nach
Köhler, in Dresden der erste und zweite Theil der „Bösen Catha=
rine" gegeben. Im Jahre 1705 ließ Christian Weise in Zittau
„Die böse Catharine" aufführen. Köhler, der das Stück in der auf
der dortigen Stadtbibliothek aufbewahrten Handschrift gelesen hat,
gibt den Inhalt folgendermaßen an: „Der reiche Baptista hat zwei
Töchter, Katharina und Bianca, von denen die erste als überaus
bös und zänkisch allgemein bekannt ist. Ein gewisser Malo liebt
Bianca und wird von ihr wiedergeliebt, weshalb er bei Baptista
um ihre Hand wirbt. Aber Baptista erklärt, daß er die jüngere
Tochter nicht vor der ältern verheirathen werde. Auf Antrieb der
Freunde Malo's macht nun ein gewisser Heyno der Katharina den
Hof, die, weil sie gern heirathen möchte, dies freundlich annimmt
und sich ganz liebenswürdig stellt. Allein Heyno belauscht sie, wie
sie bei Gelegenheit die Bauern ihres Vaters auf das heftigste aus=
schilt und prügelt und dabei ihre Natur im unvortheilhaftesten Lichte
zeigt, und er zieht sich deshalb zurück. Hierauf wird ein junger
Mann Namens Harmen, der weit gereist ist und sich seit kurzem
in der Nähe ein Gut gekauft hat, von Malo's Freunden auf Ka=
tharina aufmerksam gemacht. Zwar hört er von ihrem Charakter,
aber dies schreckt ihn nicht zurück, vielmehr nimmt er sich vor sie
zu zähmen. Katharina erscheint bei seiner Werbung sehr freundlich
und liebenswürdig, und es kommt bald zur Hochzeit. Bis dahin
hat auch Harmen sich nur sanftmüthig gezeigt, aber nach der
Trauung tritt er schon sehr jähzornig gegen seinen Diener auf.
Wie er dann mit seiner Frau auf sein Gut gehen soll, schützt er
Geschäfte vor und läßt sie allein mit seinen Dienern reisen, denen
er befohlen, sie auf Umwegen zu führen und ihr zu Hause nichts
zu essen zu geben. Als er darauf selbst nach Hause kam und Katha=
rina ihm dies klagt, stellt er sich zornig gegen die Diener, und
um seinen Zorn zu beruhigen, macht er mit der hungerigen Katha=
rina eine lange Spazierfahrt. Auch schlafen läßt er sie nachts
nicht. So durch Hunger und Schlaflosigkeit mürbe gemacht, gibt

Katharina endlich gute Worte und verspricht Besserung. Von einer alten Arzneikrämerin aber angestachelt, wird sie gar bald wieder aus einem Engel des Lichts zum Knecht Ruprecht und trotzt ihrem Manne. Nach fruchtlosen Bitten und Ermahnungen läßt dieser eine schon bereit gehaltene Wiege bringen und sie hineinbinden und wiegen. Als dies aber nichts hilft, sie vielmehr immer zorniger wird, läßt er ihr von zwei Dienern so lange die Fußsohlen bürsten, bis sie endlich verspricht fromm zu werden. Inzwischen haben sich in Baptista's Hause Gerüchte von der grausamen Behandlung Katharina's verbreitet und den Vater sehr betrübt und erschreckt, sodaß er entschlossen ist, Katharina's Ehe zu trennen, Bianca's Hochzeit aber gar nicht zu gestatten, als plötzlich zu aller Erstaunen Harmen und Katharina als vergnügtes und zärtliches Ehepaar erscheinen."

In Italien waren derlei Stoffe ebenfalls an der Tagesordnung, überhaupt wehte die gleiche dramatische Luft in Europa. Klein citirt gelegentlich der Schlußrede des Chremes in der vierten titellosen Commedia des Macchiavelli, die der Commedia den Charakter einer Männerschule aufprägt, die Schlußrede Käthchen's in unserer Frauenschule. Doch adressirt sich Macchiavelli in einigen Versen sowol an den Mann wie an die Frau, wie z. B. in folgenden:

Der Mann ist seiner Frauen Haupt, und maßen
Die Frau ein Theil des Manns, dem sie entstammt,
Muß sie der Mann auch leiten und regieren,
Auf daß sie als sein Fleisch sich stets erkenne.
Was Frauen mangelt, das gab Gott dem Manne,
Damit das Fehlende er überall
Ergänz', und leiste was die Frau nicht kann,
Jedoch als Oberhaupt, nicht als Tyrann.

Entsteht ein Streit um etwas zwischen euch,
Wie in der Ehe vorzukommen pflegt;
Betrifft es Wichtiges, gilt's um Gesundheit,
Gut, Ehre, Ruf: schlagt's rundweg ab und mannhaft.
In andern Dingen gebt ihr besser nach,
Stellt nicht gleich alles auf die scharfe Kante;
Denn doppelt weise wird des Mannes Rath sein,
Der Manches dreingehn läßt und Fünfe grad sein.
(Uebersetzt von Klein.)

Und sollte man nicht glauben, Molière habe Shakespeare gelesen, wenn er in seiner „École des femmes" den Arnolphe der Agnèse folgende Predigt halten läßt:
Votre sexe n'est là que pour la dépendance!

Du côté de la barbe est la toute-puissance.
Bien qu'on soit deux moitiés, de la société
Ces deux moitiés pourtant n'ont point d'égalité;
L'une est moitié suprême, et l'autre subalterne,
L'une en tout est soumise à l'autre qui gouverne;
Et ce que le soldat en son devoir instruit
Montre d'obéissance au chef qui le conduit,
Le valet à son maître, un enfant à son père,
A son supérieur le moindre petit frère,
N'approche point encore de la docilité
Et de l'obéissance et de l'humilité
Et du profond respect où la femme doit être
Pour son mari, son chef, son seigneur et son maître.

„Du côté de la barbe est la toute-puissance!" Mit diesen wenig galanten Worten wollen wir unsere für einen Schwank vielleicht schon zu weitläufigen Betrachtungen schließen, aber nicht ohne noch die Banketscene des fünften Actes zu besonderm Nachdenken zu empfehlen.

Durch sie wird die entschiedene Derbheit der Grundanschauung bedeutend gemildert und der Handlungsweise des Petruccio ein kleiner Schatten von Berechtigung verliehen. In der That sind es echte Dichterzweifel, die uns von Shakespeare hier zum Nachtisch vorgesetzt werden, und ziemlich unverblümt tritt aus der letzten Scene die Frage an uns heran, ob das scheinbar poetische Verhältniß zwischen Lucentio und Bianca, auch das Verhältniß zwischen Hortensio und seiner Witwe, nicht eine sehr prosaische Entwickelung nehmen, ob die sanfte Bianca nicht eigensinniger sein und ihrem Manne mehr zu schaffen machen werde als die halb wider ihren Willen verheirathete Katharina. Bei den einen ist am Schluß unsers Stücks der Sturm schon vorüber, bei den andern zieht das Wetter erst in der Ferne herauf; die einen haben sich vor der Hochzeit geprügelt, die andern werden es vielleicht nach derselben thun. Honny soit qui mal y pense. Wer sich daran stößt, möge sich an den beiden Trotzköpfen liebenswürdigern, feinern und graziösern Schlags, an Beatrice und Benedix in „Viel Lärmen um Nichts", entschädigen.

Zähmung einer Widerspenstigen.

Personen des Vorspiels.

Ein Lord.
Christoph Schlau, ein Kesselflicker.
Wirthin.
Edelknabe.
Schauspieler.
Jäger und andere Diener des Lords.

Personen des Stücks.

Battista, ein reicher Edelmann in Padua.
Vincentio, ein alter Edelmann aus Pisa.
Lucentio, dessen Sohn.
Petruccio, ein Edelmann aus Verona.
Gremio, } Bianca's Freier.
Hortensio,
Tranio, } Lucentio's Diener.
Biondello,
Grumio, } Petruccio's Diener.
Curtis,
Ein Pedant.
Katharina, } Battista's Töchter.
Bianca,
Eine Witwe.
Ein Schneider, ein Putzhändler und Bediente Battista's und Petruccio's.

Der Schauplatz ist theils in Padua, theils auf dem Landsitze Petruccio's.

Vorspiel.

Erste Scene.

Vor einem Bierhause auf einer Heide.

Wirthin und Schlau treten auf.

Schlau.

Ich will Euch striegeln, wartet!

Wirthin.

Ein Paar Fußblöcke, Ihr Lump!

Schlau.

Ihr Pack Ihr! die Schlaus sind keine Lumpen. Lest nur in den Chroniken nach: wir kamen mit Richard dem Eroberer ins Land. Darum, paucas pallabris; laßt der Welt ihren Lauf. Sessa!

Wirthin.

Ihr wollt also die Gläser nicht bezahlen, die Ihr zerbrochen habt?

Schlau.

Nein, nicht einen Heller. Geh mir, Sanct=Hieronymus; geh in dein kaltes Bett und wärme dich.

Wirthin.

Ich weiß schon Mittel; ich muß den Drittelsmeister holen.

(Ab.)

Schlau.

Den Drittels=, oder Viertels=, oder Fünftelsmeister, ich will ihm antworten nach dem Gesetz; nicht einen Zoll breit werb' ich weichen, Junge; er soll nur kommen, und wie es seine Art ist.

(Er legt sich auf den Boden und schläft ein.)

(Jagdhörner. Ein Lord, der vom Jagen kommt, tritt auf mit Jägern und Gefolge.)

Lord.

Ich sag' dir's, Jäger, pfleg' die Hunde gut —
Der Bracke Lustig schäumt, das arme Vieh —
Und kopple Nero mit dem Brummbaß da.
Sahst du nicht, Bursch, wie brav sich Silber nahm
Am Heckenrand, so kalt die Fährte war?
Ich gäb' das Thier nicht her um zwanzig Pfund.

Erster Jäger.

Ei, Feldmann ist so gut wie er, Mylord;
Er bellte fort auf schon verlorner Fährte,
Und zweimal heut fand er die taubste Spur:
Glaubt mir, ich halt' ihn für den bessern Hund.

Lord.

Du bist nicht klug; wär' Echo nur so flink,
Sie wög' ein Dutzend solcher für mich auf.
Doch pfleg' und füttre sie mir alle gut,
Denn ich will morgen wieder auf die Jagd.

Erster Jäger.

Sehr wohl, Mylord.

Lord.

Was hier? todt, oder trunken? Seht, ob's lebt!

Zweiter Jäger.

Es lebt, Mylord. Er hat mit Bier geheizt,
Sonst wär' dies Bett zu kalt, so fest zu schlafen.

Lord.

O scheußlich Vieh! Da liegt er wie ein Schwein!
Du grauser Tod, wie widrig ist dein Bild!
Hört, mit dem Trunkenbold führ' ich was aus.
Was meint ihr, brächten wir den Kerl zu Bett,
In feinem Linnen, Ringe an der Hand,
Ein üppig leckres Mahl ans Bett gestellt,
Ein Dienerstaat um ihn wenn er erwacht:
Vergäße nicht der Bettler, wer er ist?

Erster Jäger.

Gewiß, Mylord, es kann nicht anders sein.

Zweiter Jäger.

Und beim Erwachen käm's ihm seltsam vor.

Vorspiel. Erste Scene.

Lord.

Ja, wie ein Schmeicheltraum, ein Wahngebild.
Wohl, hebt ihn auf, und führt den Spaß gut aus.
Tragt ihn behutsam in mein Prunkgemach,
Behängt's mit meinen lüsternen Gemälden;
Bäht seinen strupp'gen Kopf mit warmen Dämpfen,
Durchräuchert auch den Saal mit Lorberholz;
Schafft mir Musik her, die, wenn er erwacht,
Anstimmt ein süßes himmlisches Getön;
Und wenn er sprechen sollte, fliegt herbei
Und fragt in tiefster Unterthänigkeit:
„Was steht zu Eurer Herrlichkeit Befehl?"
Der wart' ihm auf mit einem Silberbecken
Voll Rosenwasser und bestreut mit Blumen;
Der reich' die Kanne, der das Handtuch ihm:
„Will Eure Hoheit sich die Hände kühlen?"
Mit Prachtgewändern steh ein andrer da
Und frag' ihn, welchen Anzug er beliebe;
Der sprech von seinen Hunden, seinen Pferden,
Und wie sein Kranksein die Gemahlin schmerze;
Verrückt sei er gewesen, schwatzt ihm ein;
Und wenn er sagt, er sei — sagt ihm, er träume,
Er sei nichts andres als ein mächt'ger Lord.
So macht's, ihr lieben Leute, recht geschickt;
's wird eine Kurzweil über alle Maßen,
Wenn man mit Maß dabei zu Werke geht.

Erster Jäger.

Ich bürg' Euch, Herr, wir spielen unsre Rollen,
Daß er nach unserm Eifer glauben muß,
Er sei nicht weniger als wir ihn heißen.

Lord.

So nehmt ihn sacht, und fort ins Bett mit ihm,
Und jeder an sein Amt, wenn er erwacht!
(Schlau wird fortgetragen.)
(Eine Trompete.)
Geh, Bursch, sieh warum die Trompete bläst.
(Diener ab.)
Vielleicht ein großer Herr, der hier die Nacht
Von einer Reise auszuruhn gedenkt.
(Diener kommt zurück.)
Nun denn? wer ist's?

Diener.

Schauspieler, mit Verlaub,
Zu Dienst erbötig Eurer Herrlichkeit.

Lord.

Führ' sie hieher.

(Schauspieler treten auf.)

Seid mir willkommen, Leute.

Schauspieler.

Wir danken, edler Herr.

Lord.

Gedenkt ihr hier zu bleiben über Nacht?

Ein Schauspieler.

Wenn Eure Lordschaft unsern Dienst genehmigt.

Lord.

Von Herzen gern. — Den Freund hier kenn' ich noch;
Er spielte eines Pachters ältsten Sohn:
Wißt Ihr, wo Ihr so hübsch ums Fräulein warbt?
Wie heißt Ihr doch? Gleichviel, die Rolle ward
Sehr treffend und natürlich dargestellt.

Ein Schauspieler.

Es war wol Soto, den Eu'r Gnaden meint.

Lord.

Ganz recht; ja, ja, du spieltest ihn vortrefflich. —
Wohlan, ihr kommt mir zu gelegner Zeit,
Denn eben hab' ich einen Spaß im Werk,
Wobei mir eure Kunst viel helfen kann.
Ihr spielt heut Abend hier vor einem Lord;
Nur fürcht' ich, daß ihr euch nicht halten könnt,
Wenn ihr sein närrisches Gebaren seht —
Denn Seine Gnaden sahn noch nie ein Schauspiel —,
In schallendes Gelächter auszubrechen,
Das ihn beleidigt; denn ich sag' euch, Leute,
Wenn ihr nur lächelt, wird er ärgerlich.

Ein Schauspieler.

Sorgt nicht, Mylord; wir können uns bezwingen,
Wär's auch die spaßigste Figur der Welt.

Lord.

Geh, Bursche, führ' sie in die Speisekammer,
Und jeder heiße freundlich sie willkommen:
Sieh, daß nichts fehle, was mein Haus vermag.
(Diener mit den Schauspielern ab.)
(Zu einem Diener.)
Du, geh zu meinem Pagen Bartholmä
Und zieh ihn ganz wie eine Dame an;
Dann führ' ihn in des Trunkenbolds Gemach,
Und nenn' ihn Gnäd'ge Frau, und wart' ihm auf.
Sag' ihm von mir, wenn meine Gunst ihm werth,
Soll er mit feinem Anstand sich benehmen,
So wie er oft an Edelfraun gesehn
Daß sie dem Ehherrn gegenüber thun:
Ganz so soll er dem Trunkenbold sich nahn,
Mit sanftem Flüstern und mit tiefem Knicks,
Und fragen: „Was befehlen Euer Gnaden,
Worin Euch Euer unterwürfig Weib
Lieb' und Ergebenheit bezeigen kann?"
Und mit Umarmung dann und lockern Küssen,
Und an des Säufers Brust sein Haupt gelehnt,
Vergieß er Thränen, gleichsam außer sich
Vor Freuden, ihren Herrn geheilt zu sehn,
Der sieben Jahre für nichts Beßres sich
Als einen armen schmuz'gen Bettler hielt.
Und fehlt dem Burschen das Talent der Frau,
Stets zu gebieten über Thränenschauer,
So thut wol eine Zwiebel solchen Dienst,
Die, eingewickelt in ein Taschentuch,
Gewaltsam Wasser aus den Augen preßt.
Besorge das so schleunig als du kannst;
Bald hab' ich dir noch andres aufzutragen.
(Diener ab.)
Ich weiß, der Bursche wird sehr wohl die Grazie,
Gang, Stimme, Haltung einer Dame borgen;
Ich freu' mich schon, wie er Gemahl ihn nennt,
Und wie mein Volk sich auf die Lippen beißt,
Wenn es dem Bauerlümmel Dienste thut.
Ich geh' und helfe; meine Gegenwart
Dämpft ihre Ausgelassenheit vielleicht,
Die sonst wol über alle Schranken setzt.
(Alle ab.)

Zweite Scene.

Ein Schlafzimmer im Hause des Lords.

Man erblickt **Schlau** in einem reichen Nachtgewande von **Dienern** umgeben, einige mit Kleidungsstücken, andere mit Becken, Kannen und sonstigem Geräth. Der **Lord** tritt auf als Diener verkleidet.

Schlau.

Um Gottes willen, einen Krug Dünnbier!

Erster Diener.

Beliebt Eu'r Herrlichkeit ein Becher Sect?

Zweiter Diener.

Beliebt Eu'r Gnaden hier vom Eingemachten?

Dritter Diener.

Und welchen Anzug wünscht Eu'r Gnaden heut?

Schlau.

Ich bin Christoph Schlau; nennt mich nicht Gnaden noch Herrlichkeit. Ich trank mein Lebtag keinen Sect; und gebt ihr mir was Eingemachtes, so gebt mir eingemachtes Rindfleisch. Fragt mich doch nicht, was für einen Anzug ich wünsche, denn ich habe nicht mehr Wämser als Rücken, nicht mehr Strümpfe als Beine, nicht mehr Schuhe als Füße, ja manchmal mehr Füße als Schuhe, oder solche Schuhe, daß mir die Zehen durchs Oberleder gucken.

Lord.

Benehme Gott Eu'r Gnaden diesen Wahn!
O, daß ein mächt'ger Mann von solcher Abkunft,
Von solchem Reichthum und von solchem Ruf
Besessen ist von solchem bösen Geist!

Schlau.

Was? wollt Ihr mich toll machen? Bin ich nicht Christoph Schlau, des alten Schlau Sohn, aus Burton-Heide, von Geburt Hausirer, durch Erziehung Krämpelmacher, durch Verwandlung Bärenführer, und nach meiner jetzigen Profession Kesselflicker? Fragt nur Marianne Hacket, die dicke Bierwirthin von Wincot, ob sie mich nicht kennt; wenn sie sagt, ich stehe nicht mit vierzehn Pfennigen für Erntebier auf ihrer Kerbe, so kerbt mich an als den erlogensten Schelmen in der ganzen Christenheit. Wie? ich bin doch nicht von Sinnen: hier ist —

Vorspiel. Zweite Scene.

Erster Diener.

Ach, deshalb trauert Eure edle Frau!

Zweiter Diener.

Ach, deshalb härmt sich Eure Dienerschaft!

Lord.

Deshalb fliehn die Verwandten Euer Haus,
Alswie verscheucht von Eurer Raserei.
O, denke deiner Abkunft, edler Lord,
Ruf deinen alten Sinn heim aus dem Bann,
Und bann' hinweg unwürd'ge Träumerein.
Sieh, wie hier deine Diener um dich stehn,
Ein jeder dienstbereit auf deinen Wink;
Willst du Musik? O horch! Apollo spielt.

(Musik)

Im Bauer singt ein Nachtigallenchor.
Doch willst du schlafen? Sieh, ein Lager harrt,
So weich und sanft wie kaum das Wollustbett,
Das aufgeschmückt ward für Semiramis.
Willst du spazieren gehn? Wir streun dir Blumen.
Und willst du reiten? Deine Rosse stehn
Geschirrt, mit Gold und Perlen überdeckt.
Liebst du die Falkenbeiz'? Dein Falke schwingt
Sich höher als die Lerche. Jagst du gern?
Dem Bellen deiner Meute hallt die Luft
Der hohlen Erde grelles Echo nach.

Erster Diener.

Sag', willst du hetzen? Deine Windspiel' sind
Schnell wie der Hirsch und flücht'ger als das Reh.

Zweiter Diener.

Liebst du Gemälde, holen wir dir gleich
Adonis ruhend an des Baches Rand,
Und Cytherea tief im Schilf versteckt,
Das leichtbewegt mit ihrem Athem buhlt,
So täuschend als ob Rohr im Winde spielt.

Lord.

Dann zeigen wir dir Jo, Jungfrau noch,
Wie sie getäuscht und überlistet ward,
Leibhaftig dargestellt wie sich's begab.

Dritter Diener.

Dann Daphne irrend in dem Dornenwald,
Die Beine ritzend, daß man schwört, sie blute,
Und bei dem Anblick weinen muß Apoll:
So meisterhaft gemalt sind Blut und Thränen.

Lord.

Du bist ein Lord, nichts andres als ein Lord;
Hast eine Gattin, die weit schöner ist
Als sonst ein Weib in dieser dürst'gen Zeit.

Erster Diener.

Und eh die Thränen, deinethalb geweint,
Mit tückischer Flut ihr lieblich Antlitz netzten,
War sie das reizendste Geschöpf der Welt,
Und heut noch steht sie keiner andern nach.

Schlau.

Bin ich ein Lord? Hab' ich solch edle Frau?
Träum' ich nur? oder hab' seither geträumt?
Ich schlafe nicht; ich sehe, höre, spreche,
Riech' Wohlgeruch, und was ich fühl' ist weich.
So wahr ich lebe, ja, ich bin ein Lord,
Kein Kesselflicker und kein Christoph Schlau.
Wohlan, bringt unsre Frau uns vor Gesicht;
Und nochmals — einen Krug vom dünnsten Bier!

Zweiter Diener.

Will Eure Hoheit sich die Hände waschen?
(Diener reichen ihm Kanne, Becken und Handtuch.)
O wie's uns freut, Euch hergestellt zu sehn!
O daß Ihr wieder wißt nun, was Ihr seid!
Seit funfzehn Jahren wart Ihr wie im Traum,
Und wenn Ihr wachtet, war's als ob Ihr schlieft.

Schlau.

Seit funfzehn Jahren! Herrgott, welch ein Schläfchen!
Und sprach ich gar nichts diese ganze Zeit?

Erster Diener.

O ja, Mylord, doch lauter sinnlos Zeug;
Denn lagt Ihr gleich in diesem Prachtgemach,
Ihr rieft, man hab' Euch aus der Thür geprügelt,
Und schimpftet auf die Wirthin von dem Haus,

Und wolltet sie verklagen beim Gericht:
Steinkrüge gäb' sie statt geaichtem Maß.
Und manchmal rieft Ihr auch nach Cilly Hacket.

Schlau.

Ja, ja, der Wirthin Tochter von dem Haus.

Dritter Diener.

Ei, Herr, Ihr kennt solch Haus, solch Mädchen nicht,
Noch solche Leute wie Ihr hergezählt,
Als: Steffen Schlau, Hans Daps, den alten Schweden,
Und Peter Torf, und Heinrich Pimpernell,
Und zwanzig solcher Leut' und Namen mehr,
Die niemals lebten, niemals jemand sah.

Schlau.

Nun, Gott sei Dank für meine Besserung!

Alle.

Amen!

Schlau.

Ich danke dir; dein Schaden soll's nicht sein.

(Der Page tritt auf, als Lady, mit Gefolge.)

Page.

Wie ist Euer Herrlichkeit?

Schlau.

Ei nun, ich esse gut, hier gibt's genug.
Wo ist mein Weib?

Page.

Hier, edler Lord; und was befiehlst du ihr?

Schlau.

Seid Ihr mein Weib, und nennt mich doch nicht Mann?
Lord bin ich fürs Gesind, für Euch Eu'r Alter.

Page.

Mein Herr und mein Gemahl, Gemahl und Herr,
Ich bin in aller Demuth Euer Weib.

Schlau.

Ich weiß es wohl. — Wie nenn' ich sie?

Lord.

Madam.

Schlau.
Lieb' Madam, oder Gret' Madam?
Lord.
Madam schlechtweg: so nennen Lords die Ladies.
Schlau.
Nun Madam Frau, an funfzehn Jahr' und mehr,
Sagt man, hab' ich geschlafen und geträumt.
Page.
Ja, und wie dreißig kamen sie mir vor,
Die ganze Zeit von Eurem Bett getrennt.
Schlau.
's ist lang'. — Laßt, Leute, mich mit ihr allein. —
Madam, zieht Euch nun aus und kommt zu Bett.
Page.
Dreifach erhabner Lord, ich fleh' Euch an,
Geduldet Euch nur ein paar Nächte noch,
Zum wenigsten bis Sonnenuntergang;
Denn Eure Aerzte haben bei Gefahr
Des Rückfalls in Eu'r Uebel eingeschärft,
Daß ich noch ferne bleib' von Euerm Bett.
So steht's; ich hoffe, dies entschuldigt mich.
Schlau.
    Ja, es steht so, daß ich kaum so lange warten kann. Doch möcht' ich nicht gern wieder in meine Duselei zurückfallen; ich will deswegen noch warten, trotz Fleisch und Blut.
(Ein Diener tritt auf.)
Diener.
Eu'r Gnaden Künstler sind, da Ihr genast,
Bereit, Komödie vor Euch zu spielen;
Denn Eure Aerzte finden es für gut,
Weil zu viel Trübsinn Euer Blut verdickt
Und Schwermuth stets des Wahnsinns Amme ist:
Drum rathen sie, Ihr seht ein Schauspiel an,
Und stimmt den Geist zu Lust und Heiterkeit,
Was allen Gram scheucht und das Leben längert.
Schlau.
    Nur her damit; sie sollen es spielen. Ist nicht eine Commobität so ein Christkindelspaß oder eine Seiltänzerei?

Page.
Nein, lieber Herr; viel lustigeres Zeug.
Schlau.
Haushaltungszeug?
Page.
So eine Art Historie.
Schlau.
Gut, wollen's sehn. Kommt, Madam Frau, setzt Euch zu mir und laßt die Welt gehn wie sie will; wir werden doch nicht jünger.
(Sie setzen sich.)
(Trompetentusch.)

Erster Aufzug.

Erste Scene.
Padua. Ein öffentlicher Platz.

Lucentio und Tranio treten auf.

Lucentio.
Tranio, da nun der heiße Wunsch, das schöne
Padua zu sehn, der Künste Pflegerin,
Mich nach der fruchtbarn Lombardei, des großen
Italiens Lustgarten, hat geführt,
Und Vaters Lieb' und Urlaub mir dazu
Den Segen gibt und zum Gefährten dich,
Du treuster Diener, immerdar erprobt:
Laß uns hier rasten und des Lernens Bahn
Und edler Studien auf gut Glück betreten.
Pisa, durch stattlich Bürgerthum berühmt,
Gab mir das Dasein und auch meinem Vater,
Als großer Kaufherr weit und breit bekannt,
Vincentio, aus dem Stamm der Bentivogli.
Vincentio's Sohn', erzogen in Florenz,
Ziemt's, daß er, wie man Hoffnung auf ihn setzt,
Mit edeln Thaten seinen Reichthum schmückt;

Drum will ich, Tranio, meine Studienzeit
Der Tugend und dem Theil der Weisheit weihn,
Der von dem Glücke handelt, welches man
Durch Tugendhaftigkeit allein erwirkt.
Sag', was du meinst; Pisa verließ ich nur
Und kam nach Padua, wie einer, der
Die Pfütze läßt und in den Strom sich wirft
Und sattsam seinen Durst zu löschen sucht.

Tranio.

Mi perdonate, lieber güt'ger Herr,
Ich denk' in allem völlig wie Ihr selbst,
Froh, daß Ihr so bei Eurem Vorsatz bleibt,
Der süßen Weisheit Süßigkeit zu saugen.
Nur, lieber Herr, indem wir so bewundern
Die Tugend und Moralphilosophie,
Laßt uns nicht Stoiker noch Stöcke sein,
So fromm vertieft in Aristoteles,
Daß wir Ovid abschwören als verrucht.
Sprecht Logik mit den Freunden, die Ihr habt;
Rhetorik übt im täglichen Gespräch;
Treibt zur Erholung Dichtkunst und Musik;
Mathematik, Metaphysik — wenn Euch
Der Gaumen danach steht, so werft Euch drauf;
Denn nichts gedeiht, wo Lust und Liebe fehlt:
Kurz, Herr, studirt was Euch zumeist behagt.

Lucentio.

Schön Dank, mein Tranio, dein Rath ist gut.
Wär' nur auch Biondello schon gelandet,
Wir könnten Anstalt treffen unverweilt
Und eine Wohnung miethen zum Empfang
Für Freunde, die uns Padua schenken wird.
Doch halt, was für Gesellschaft kommt denn da?

Tranio.

Gewiß ein Zug, der uns begrüßen will.
(Es kommen Battista, Katharina, Bianca, Gremio und Hortensio.)
(Lucentio und Tranio treten bei Seite.)

Battista.

Ihr eblen Herrn, bringt länger nicht in mich,
Denn was ich fest beschlossen wißt Ihr nun:
Nicht zu vermählen meine jüngste Tochter
Eh ich der ältern einen Mann verschafft.

Hat einer von euch Lust zu Katharinen,
Da ich euch beide kenne, beide mag,
So mögt ihr nach Belieben um sie werben.

Gremio (bei Seite).

Sie gerben lieber; mir ist sie zu borstig. —
Ihr da, Hortensio, wollt Ihr ein Weib?

Katharina (zu Battista).

Ich bitt' Euch, Vater, denkt Ihr denn
Mich feilzubieten diesem saubern Paar?

Hortensio.

Paar, Jungfer? Hat sich nichts zu paaren hier,
Wird sanfter nicht und milder Eure Art.

Katharina.

Braucht nichts zu fürchten, Herr, nein wahrlich, nichts;
Noch seid Ihr nicht halbwegs zu ihrem Herzen.
Wärt Ihr's, verlaßt Euch drauf, sie wär' nicht faul
Und kämmt' Euch mit dreibein'gem Stuhl den Schopf
Und malt' Euch ein Hanswurstgesicht, Ihr Tropf.

Hortensio.

Vor solchen Teufeln schütz' uns, lieber Gott!

Gremio.

O lieber Gott, auch mich!

Tranio.

Pst, Herr! hier gibt es einen guten Spaß;
Das Weib ist toll, wo nicht ein Satanas.

Lucentio.

Doch in der andern Schweigen zeigt sich mir
Jungfrauensanftmuth und bescheidne Zier.
Still, Tranio!

Tranio.

Sehr wohl gesprochen, Herr; mum! gafft Euch satt.

Battista.

Ihr lieben Herrn, um zu bewähren gleich
Was ich gesagt — Bianca, geh hinein;
Und laß dich's nicht betrüben, gute Bianca,
Ich liebe dich nicht minder drum, mein Kind.

Katharina.
Verzognes Püppchen, beule doch!
Sei nicht so dumm. Wüßt's nur, warum.
Bianca.
Dient meine Unlust, Schwester, dir zur Lust? —
In Demuth, Herr, gehorch' ich Euerm Wunsch;
Mein Saitenspiel und Bücher als Gefährten,
Studir' ich sie und übe gern allein.
Lucentio.
Hör', Tranio, hör'! Minerva ist's, die spricht.
Hortensio.
Signor Battista, seid doch nicht so streng!
Es thut mir weh, zu sehn, daß unsre liebe
Bianca's Leid wird.
Gremio.
     Wie? Ihr sperrt sie ein,
Signor Battista, dieses Teufels wegen
Und straft sie für der andern böses Maul?
Battista.
Bescheidet euch, ihr Herrn; ich bin entschlossen. —
Bianca, geh hinein.
(Bianca ab.)
Und weil ich weiß, daß sie viel Freude hat
An Poesie, Gesang und Saitenspiel,
Will ich ihr Lehrer halten hier im Haus,
Geschickt zum Unterricht. Wenn Ihr, Hortensio,
Ihr, Signor Gremio, etwa solche kennt,
Weist sie hierher; denn gegen fäh'ge Leute
Bin ich freigebig, und ich spare nichts,
Um meine Kinder tüchtig zu erziehn.
Und nun lebt wohl! — Du, Katharina, bleib,
Denn ich hab' noch zu reden mit Bianca.
(Ab.)

Katharina.
Ei, ich will auch gehn, denk' ich; darf ich nicht?
Wer schreibt die Zeit mir vor? weiß ich nicht selbst,
Was ich zu thun hab' und zu lassen? Ha!
(Ab.)

Gremio.

Geh du zu des Teufels Großmutter; deine Gaben sind derart, daß dich hier niemand zu halten gedenkt. — Uebrigens, Hortensio, ist die Liebe zwischen Katharina und ihrem Vater nicht so groß, als daß wir nicht in die Hände blasen und ruhig abwarten könnten; unser Kuchen ist auf beiden Seiten noch nicht gar. Lebt wohl. Aber aus Liebe zu meiner holden Bianca will ich doch, wenn ich irgendwie einen geschickten Mann zum Unterricht in ihren Lieblingsfächern auftreiben kann, ihn zu ihrem Vater senden.

Hortensio.

Das will ich auch, Signor Gremio. Nur noch ein Wort, ich bitte. Obgleich die Natur unsers Zwistes bisher keine Vereinbarung zwischen uns zu Stande kommen ließ, so wäre es doch, wenn wir es recht überlegen, unser beiderseitiger Vortheil, um wieder Zutritt bei unsrer schönen Gebieterin zu erlangen und glückliche Nebenbuhler in Bianca's Liebe zu werden, daß wir Eins vornehmlich betreiben und ins Werk setzen —

Gremio.

Und das wäre, wenn ich bitten darf?

Hortensio.

Ei nun, daß wir ihrer Schwester einen Mann verschaffen.

Gremio.

Einen Mann? einen Teufel.

Hortensio.

Ich sage, einen Mann.

Gremio.

Ich sage, einen Teufel. Glaubst du, Hortensio, daß trotz ihres Vaters Reichthum jemand so verrückt sein wird, die Hölle zu heirathen?

Hortensio.

Pah, Gremio, wenn's auch Eure und meine Geduld übersteigt, ihr lautes Toben zu ertragen, ei, so gibt's doch noch gute Kerle in der Welt, wenn man sie nur gleich finden könnte, die sie mit allen ihren Fehlern, da sie Geld genug hat, nehmen würden.

Gremio.

Ich weiß nicht; aber ich nähme ebenso gern ihre Mitgift unter der Bedingung, daß ich mich jeden Morgen auf dem Marktplatz auspeitschen lassen sollte.

Hortensio.

Allerdings ist, wie Ihr sagt, unter faulen Aepfeln nicht gut wählen. Aber kommt; da dies Hinderniß uns zu Freunden macht, so laßt uns auch so lange freundschaftlich zusammenhalten, bis wir der ältesten Tochter Battista's einen Mann verschafft und dadurch die jüngste für einen Mann freigemacht haben; und dann mag's von neuem losgehn. — Holde Bianca! — Wer das Glück hat, führt die Braut heim. Wer am schnellsten reitet, sticht den Ring. Was sagt Ihr dazu, Signor Gremio?

Gremio.

Ich bin einverstanden und wollte nur, ich hätte dem schon das beste Pferd in Padua geschenkt, um damit auf die Freite zu reiten, der sie recht gründlich freien wollte, sie ketten und sie betten und das Haus von ihr befrein. Kommt jetzt.

(Gremio und Hortensio ab.)

Tranio (tritt vor).

Ich bitt' Euch, sagt mir, ist es möglich, Herr,
Daß Liebe so im Nu den Menschen packt?

Lucentio.

O Tranio, eh ich's an mir selbst erfuhr,
Unmöglich, unwahrscheinlich däucht' es mir;
Doch sieh, indeß ich müßig gaffend stand,
Fühlt' ich der Liebe Macht im Müßiggang:
Und nun gesteh' ich offenherzig dir,
Der mir so lieb ist, so mit mir vertraut
Wie Anna mit Karthagos Königin,
Tranio, ich brenne, schmachte, sterbe, Tranio,
Wenn nicht dies sanfte Kind mein eigen wird.
O rath mir, Tranio, denn ich weiß, du kannst;
O hilf mir, Tranio, denn ich weiß, du willst.

Tranio.

Herr, Euch zu schelten ist jetzt nicht die Zeit;
Auch schmählt man Neigung aus dem Herzen nicht.
Wenn Euch die Liebe fing, dann steht es so:
Redime te captum quam queas minimo.

Lucentio.

Merci, mein Junge, weiter! mir wird leicht;
Der Rest bringt vollends Trost, denn du räthst gut.

Tranio.

O Herr, Ihr saht so schmachtend auf das Kind,
Daß Ihr der Sache Kern wol gar nicht merktet.

Lucentio.

Ja, ich sah in ihr Antlitz, so voll Liebreiz,
Wie nicht Agenor's Tochter eins besaß,
Als Zeus, der Hohe, folgsam ihrer Hand,
Mit seinen Knieen küßte Kretas Strand.

Tranio.

Saht Ihr sonst nichts? Ihr merktet nicht, wie laut
Die Schwester schalt und einen Sturm erhob,
Daß kaum ein sterblich Ohr den Lärm ertrug?

Lucentio.

Ich sah sie öffnen ihren Rosenmund,
Mit ihrem Athem würzte sie die Luft;
Nur Holdes, Heiliges sah ich an ihr.

Tranio.

Nun, dann ist's Zeit ihn aus dem Rausch zu rütteln. —
Erwacht doch, Herr; wenn Ihr das Mädchen liebt,
Setzt Geist und Witz an den Gewinn. So steht's:
Die ältre Schwester ist so wild und bös,
Daß, bis ihr Vater sie ist los geworden,
Eu'r Lieb das Haus als Jungfrau hüten muß;
Und deshalb hat er sie jetzt eingesperrt,
Damit sie ungeplagt von Freiern sei.

Lucentio.

Ach, Tranio, wie der Vater grausam ist!
Doch hast du nicht gehört, daß er für sie
Geschickte Lehrer sucht zum Unterricht?

Tranio.

Ja, freilich hab' ich's; und mein Plan ist reif.

Lucentio.

Ich hab' ihn, Tranio.

Tranio.

Schwören möcht' ich, Herr,
Mein Pfiff geht mit dem Euern Hand in Hand.

Lucentio.

Sag' deinen erst.

Tranio.

Ihr wollt der Lehrer sein
Und Euerm Liebchen Unterricht ertheilen:
Das ist Eu'r Plan.

Lucentio.

Ja; ist er ausführbar?

Tranio.

Unmöglich; denn wer soll an Eurer Statt
In Padua spielen des Vincentio Sohn,
Haushalten, Bücher lesen, Freunde sehn,
Landsleut' besuchen und tractiren? sprecht!

Lucentio.

Basta, beruhige dich; ich hab' es schon.
Man hat uns noch in keinem Haus gesehn,
Und am Gesichte merkt uns niemand an,
Wer Herr, wer Diener; machen wir's drum so:
Du, Tranio, bist Herr an meiner Statt,
Hältst Haus und Hof und Diener, als wär' ich's;
Ich bin ein andrer, einer aus Florenz,
Neapel oder Pisa, niedern Standes.
Das wär' der Plan, so sei's; zieh deine Kleider
Jetzt aus, nimm meinen bunten Hut und Wams;
Kommt Biondello, so bedien' er dich;
Doch fessl' ich erst durch Zauber seine Zunge.

(Sie wechseln die Kleider.)

Tranio.

Das thut wol noth.
Kurz, Herr, dieweil es Euer Wille ist,
Und zum Gehorsam ich verbunden bin —
Denn so befahl Eu'r Vater mir zuletzt:
„Sei stets dienstfertig meinem Sohn" sprach er,
Wiewol ich glaub', er meint's in anderm Sinn —,
So will ich gerne sein Lucentio,
Weil ich so liebe den Lucentio.

Lucentio.

Nein deshalb, Tranio, weil Lucentio liebt;
Knecht will ich sein, damit ich sie gewinne,
Die mir mein Aug' so schnell geknechtet hat.

(Biondello tritt auf.)

Da kommt der Schlingel. — Kerl, wo stecktest du?

Blondello.

Wo ich gesteckt? Ei, Herr, wo steckt Ihr selbst?
Stahl Euch mein Kamerad das Kleid? stahlt Ihr
Das seine? stahlt ihr beide? Sagt, was soll's?

Lucentio.

Her, Bursch; es ist jetzt keine Zeit zum Spaß;
Drum richte dein Betragen nach der Zeit.
Hier dein Kam'rad, das Leben mir zu retten,
Nahm meinen Anzug und mein Aussehn an,
Ich seins, um der Verfolgung zu entgehn;
Denn kaum am Land, hatt' ich mit jemand Streit,
Erschlug den Mann und fürcht', ich werd' entdeckt.
Dien' ihm jetzt, ich befehl' dir's, wie sich's ziemt;
Ich rett' indeß mein Leben durch die Flucht.
Verstehst du mich?

Blondello.

Ich, Herr? Nein, nicht die Spur.

Lucentio.

Kein Jota nimm von Tranio in dein Maul;
Denn Tranio wurde zu Lucentio.

Blondello.

Um so besser für ihn; geschäh' mir doch ebenso.

Tranio.

Und mir erst; mein nächster Wunsch sollte dann sein,
Lucentio hätt' wirklich Battista's jüngst Töchterlein.
Doch, Kerl, nicht mein'thalb, nein, deines Herren wegen
Komm mir vor den Leuten respectvoll entgegen;
Sind wir allein, so bin ich Tranio,
Sonst allerwärts dein Herr Lucentio.

Lucentio.

Komm, Tranio. —
Nur Eines noch bleibt jetzt für dich zu thun:
Daß du einen der Freier hier spielst; warum, frag' nicht;
Es genüge dir, meine Gründe sind gut und von Gewicht.

(Alle ab.)

Erster Diener.

Mylord, Ihr nickt; Ihr gebt nicht Acht auf's Spiel.

Schlau.

Doch, bei Sanct=Annen, ich geb' Acht. Eine hübsche Geschichte,
meiner Treu! Kommt noch mehr davon?

Page.

Mylord, es fing erst an.

Schlau.

Ein prächtiges Stück Arbeit, Madam Frau; wär's nur erst alle!

Zweite Scene.

Ebendaselbst.   Vor Hortensio's Hause.

Petruccio und Grumio treten auf.

Petruccio.

Verona, ich nehm' Abschied ein'ge Zeit,
Um Freunde hier in Padua zu sehn,
Vor allen meinen liebsten, treusten Freund,
Hortensio; und dies, glaub' ich, ist sein Haus. —
Hier klopfe, Grumio; klopfe, sag' ich dir.

Grumio.

Klopfen, Herr? Wen soll ich klopfen? Hat hier jemand Eure Herrlichkeit contrahirt?

Petruccio.

Schlingel, ich sage, klopf' mir tüchtig hier.

Grumio.

Euch hier klopfen, Herr? Ei, Herr, wer bin ich, Herr, daß ich Euch hier klopfen sollte, Herr?

Petruccio.

Ich sage, Schlingel, klopf' mir hier am Thor;
Hol' aus, sonst klopf' ich dir dein Schelmenohr.

Grumio.

Mein Herr sucht Händel. — Und wenn ich Euch klopf',
So kriegt Ihr mich nachher dafür beim Schopf.

Petruccio.

Wird's oder nicht?
Kerl, willst du nicht klopfen, so zieh' ich die Klingel;
Laß sehn, ob du noch singen kannst dein Sol, Fa, du Schlingel!

(Er zieht Grumio bei den Ohren.)

Erster Aufzug. Zweite Scene.

Grumio.

Zu Hülf', ihr Herrn, zu Hülf'! mein Herr ist toll.

Petruccio.

Nun klopf', wenn ich dich's heiß', verdammter Schuft!
(Hortensio tritt auf.)

Hortensio.

He, he! was gibt's da? — Mein alter Freund Grumio! und
mein lieber Freund Petruccio! Was macht ihr alle in Verona?

Petruccio.

Signor Hortensio, kommt Ihr zu schlichten den Strauß?
Con tutto il cuore ben trovato! ruf' ich aus.

Hortensio.

Alla nostra casa ben venuto, molto onorato Signor mio Petruccio
Auf, Grumio, auf; ich leg' den Streit schon bei.

Grumio.

Ach, Herr, das hat nichts mit der Sache zu thun, was er da
auf lateinisch vorbringt. Wenn das kein Rechtsgrund für mich
ist, seinen Dienst zu verlassen! Seht Ihr, Herr, er sagte, klopf'
mir hier und hole tüchtig aus, Herr. Nun, hätt' es sich für
einen Diener geschickt, seinen Herrn so zu behandeln, der vielleicht,
soviel ich weiß, seine zweiunddreißig hat und nicht mehr mitspielt?
Den ich nur hätte klopfen sollen, ach Gott ja,
Dann stünd' nicht Grumio so verklopft jetzt da.

Petruccio.

Unsinn'ger Schwätzer! — Freund Hortensio,
Ich hieß den Schurken klopfen hier an's Thor,
Und bracht' ihn nicht um alle Welt dazu.

Grumio.

Klopfen an's Thor? O Himmel!
Spracht Ihr nicht deutlich: „Bursche, klopf' mir hier,
Hol' aus, und klopf' mir gut, und klopf' mir tüchtig"?
Und kommt Ihr jetzt mit „Klopfen hier an's Thor"?

Petruccio.

Kerl, pack dich oder schweig, ich rath' es dir.

Hortensio.

Geduld, Petruccio; ich bin Grumio's Anwalt.

Welch ernster Fall das zwischen Euch und ihm,
Dem alten, treuen, lust'gen Diener Grumio!
Nun sagt mir, lieber Freund, welch günst'ger Wind
Blies Euch nach Padua her aus Alt=Verona?

Petruccio.

Der Wind, der Jugend durch die Welt verstreut,
Ihr Glück zu suchen weiter als daheim,
Wo spärlich die Erfahrung reist. Doch kurz,
Signor Hortensio, also steht's mit mir:
Antonio, mein Vater, ist nicht mehr;
Und ich warf mich in dieses Labyrinth,
Zu frein und zu gedeihn so gut ich kann.
Im Beutel Gold, viel Güter noch daheim —
So zog ich aus, die Welt mir anzusehn.

Hortensio.

Petruccio, soll ich ohne Umschweif denn
Dich werben für ein zänkisch, boshaft Weib?
Du danktest mir wol schlecht für meinen Rath;
Und doch versprech' ich dir, reich soll sie sein,
Sehr reich: — allein, du bist zu sehr mein Freund,
Und ich will dich ihr nicht empfehlen.

Petruccio.

Hortensio, zwischen Freunden, wie wir sind,
Braucht's wenig Worte. Weißt du eine drum,
Die reich genug ist für Petruccio's Frau —
Reichthum ist mein Refrain zum Hochzeittanz —,
Wär' sie so häßlich wie Florentius' Dame,
Alt wie Sibylle, zänkisch und voll Trotz
Wie Sokrates' Xantippe, ja noch schlimmer,
Das schreckt mich nicht, will sagen, schreckt in mir
Die Neigung nicht zurück, wär' sie so wild
Wie das empörte Adriat'sche Meer.
Reich zu beweiben mich, komm' ich nach Padua;
Wenn reich beweibt, dann gut beweibt in Padua.

Grumio.

Nun seht, Herr, er sagt Euch offen heraus, wie er's meint.
Gebt ihm nur Gold genug, und verheirathet ihn an eine Puppe, oder
an eine Nestelfigur, oder an eine alte Trutschel, die keinen Zahn
mehr im Maul hat, und hätte sie auch so viel Krankheiten wie
zweiundfunfzig Pferde: o, nichts kommt ihm ungelegen, wenn nur
Geld genug mit kommt.

Erster Aufzug. Zweite Scene.

Hortensio.

Petruccio, da wir doch so weit nun sind,
So setz' ich fort was ich im Scherz begann.
Ich kann, Petruccio, dir zu einem Weib
Verhelfen, reich genug, und jung, und schön,
Und fein gebildet, wie's ihr Stand erheischt.
Ihr einz'ger Fehler, freilich Fehls genug,
Ist, daß sie unerträglich bös und zänkisch
Und trotzig ist, so über alle Maßen,
Daß, wär' auch meine Lage noch so schlimm,
Ich nähm' sie nicht für eine Mine Goldes.

Petruccio.

O schweig, du kennst den Werth des Goldes nicht!
Sag', wie ihr Vater heißt, und das genügt;
Ich will sie entern, tobt sie auch so laut
Wie Donner wenn im Herbst die Wolken krachen.

Hortensio.

Ihr Vater heißt Battista Minola,
Ein freundlicher, leutsel'ger Edelmann;
Ihr Nam' ist Katharina Minola,
Berüchtigt in der Stadt als Lästermaul.

Petruccio.

Den Vater kenn' ich, kenn' ich sie gleich nicht;
Auch er kannt' meinen Vater selig wohl.
Ich will nicht schlafen, bis ich sie gesehn;
Und drum, Hortensio, bin ich so frei
Und laß' Euch nach dem ersten Gruß im Stich,
Wenn Ihr mich nicht dahin begleiten wollt.

Grumio.

Ich bitte, Herr, laßt ihn gehn, solange der Humor bei ihm währt. Auf mein Wort, wenn sie ihn so gut kennte wie ich, so würde sie begreifen, daß Zanken bei ihm wenig ausrichtet. Sie mag ihn zehnmal nacheinander Lump heißen und dergleichen, pah, das macht nichts; fängt er einmal an, so geht's eine Weile fort in seinen Galgenstreichen. Ich will Euch was sagen, Herr, wenn sie sich nur ein bischen mausig macht, so wird er ihr mit seiner Faust eine Figur ins Gesicht zeichnen und sie so damit besiguriren, daß sie weiter keine Augen behält zum Herausschaun als ein Katzenloch. Ihr kennt ihn nicht, Herr.

Hortensio.
Wart' noch, Petruccio, ich muß mit dir gehn,
Denn in Battista's Obhut ist mein Schatz:
Er hält mein Lebenskleinod in Verschluß,
Die schöne Bianca, seine jüngste Tochter;
Und er entzieht sie mir, sowie den andern,
Die, meine Nebenbuhler, um sie frein,
Indem er sich's als ganz unmöglich denkt,
Der Fehler wegen, die ich schon erwähnt,
Daß einer je um Katharinen freie.
Drum hat Signor Battista streng verordnet,
Daß niemand früher zu Bianca darf,
Bis einen Mann sein böses Käthchen kriegt.

Grumio.
Das böse Käthchen!
Der allerschlimmste Titel für ein Mädchen.

Hortensio.
Nun thu' mein Freund Petruccio mir den Dienst
Und stell' mich, in ein schlicht Gewand verkleidet,
Dem alten Herrn Battist als Lehrer vor,
Als Meister der Musik, für Fräulein Bianca.
Durch diese List erhalt' ich wenigstens
Gelegenheit, ihr Liebe zu gestehn
Und unerkannt um sie bei ihr zu frein.
(Gremio und der verkleidete Lucentio treten auf; letzterer mit Büchern unter
dem Arm.)

Grumio.
Das ist keine Schelmerei, Gott bewahre! Seh' einer an, um alte Leute zu betrügen, wie das junge Volk die Köpfe zusammensteckt! — Herr, Herr, schaut Euch um; wer geht da? He!

Hortensio.
Still, Grumio, mein Nebenbuhler ist's. —
Petruccio, komm bei Seite.

Grumio.
Ein unreif Bürschchen, und schon Amoroso!
(Sie ziehen sich zurück.)

Gremio.
O, so ist's recht; ich las die Liste durch.
Hört, Freund, schön eingebunden will ich sie:
Nur Liebesbücher, die auf jeden Fall;

Und lest mir ja nichts anderes mit ihr.
Versteht Ihr mich? Ich will Signor Battista's
Freigebigkeit gern mit der meinigen
Vermehren noch. Nehmt Eure Schriften auch
Und füllt sie durch und durch mit Wohlgeruch,
Denn süßer als der Wohlgeruch ist sie,
Zu der sie gehn. Was wollt Ihr mit ihr lesen?

Lucentio.

Was es auch sei, ich wirke nur für Euch,
Als meinen Gönner, drauf verlaßt Euch fest,
So fest, als ob Ihr selbst zugegen wärt;
Ja, und vielleicht mit mehr Erfolg als Ihr,
Es sei denn, Ihr wärt ein Magister, Herr.

Gremio.

O dies Gelehrtsein, welch ein prächtig Ding!

Grumio (bei Seite).

O dieser Narr, was für ein Eselskopf!

Petruccio.

Schweig, Bursche.

Hortensio.

Still, Grumio, still! (Vortretend.)
            Gott grüß' Euch, Signor Gremio.

Gremio.

Signor Hortensio, willkommen. Wißt Ihr,
Wohin ich gehe? Zu Battista Minola,
Dem ich versprach mich sorgsam umzusehn
Nach einem Lehrer für die schöne Bianca.
Zum Glück stieß ich auf diesen jungen Mann,
Deß Wissen und Benehmen für sie paßt,
Und der belesen ist in Poesie
Und andern Büchern — guten, sag' ich Euch.

Hortensio.

Sehr wohl; und ich traf einen Edelmann,
Der will mir einen feinen Musikus
Zum Unterricht für unser Fräulein schaffen:
So steh' ich Euch kein bißchen nach im Dienst
Der schönen Bianca, so geliebt von mir.

Gremio.

Geliebt von mir; das wird mein Thun beweisen.

Grumio.
Sein Geldsack wird's beweisen.

Hortensio.
Gremio, zum Liebauskramen ist's nicht Zeit.
Hört mich; wenn Ihr mir gute Worte gebt,
Meld' ich Euch, was uns beiden gleich erwünscht.
Da ist ein Herr, den ich zufällig traf,
Der will, im Einklang mit dem eignen Wunsch
Und unserm, um bös Käthchen sich bewerben,
Ja und sie frein, wenn ihre Mitgift reicht.

Gremio.
Gesagt, gethan — ist schön. Hortensio,
Und nanntet Ihr ihm alle ihre Fehler?

Petruccio.
Ich weiß, sie ist ein bissig, zänkisch Ding;
Ist es nur das, ihr Herrn, das macht mir nichts.

Gremio.
Nichts, sagst du? Ei, was für ein Landsmann, Freund?

Petruccio.
Ein Veroneser, Sohn Antonio's.
Mein Vater starb; mein Geld lebt noch, und, traun,
Noch hoff' ich manchen guten Tag zu schaun.

Gremio.
Viel Glück zum Zeitvertreib mit solchem Weib!
Doch lüstet Euch danach, in Gottes Namen;
Ich werd' in allem Euch behülflich sein.
Ihr wollt die Wildkatz frein?

Petruccio.
    Ei, will ich leben?

Grumio.
Er will sie frein? Nur zu! sonst häng' ich sie.

Petruccio.
In welcher andern Absicht kam ich her?
Glaubt Ihr, ein bischen Lärm erschreckt mein Ohr?
Hab' ich des Löwen Brüllen nicht gehört?
Hab' ich das Meer gehört nicht, wenn es tobt

Erster Aufzug. Zweite Scene.

Gleich einem grimmen Eber schweißbeschäumt?
Gehört nicht grob Geschütz im Feld? in Lüften
Den Donner himmlischer Artillerie?
Hab' ich in offner Feldschlacht nicht gehört
Getümmel, Wiehern und Trompetenklang?
Und schwatzt Ihr mir von einer Weiberzunge,
Die noch nicht halb so laut ins Ohr mir knallt
Wie die Kastanie auf des Pachters Herd?
Schreckt Kinder mit Popanzen.

Grumio.

      Ihn schreckt nichts.

Gremio.

Hortensio, hört:
Uns sehr gelegen kam der Herr hier an,
Mir ahnt, zu seinem und zu unserm Glück.

Hortensio.

Ich hab' ihm unsern Beistand zugesagt,
Und daß wir tragen seiner Werbung Last.

Gremio.

Versteht sich, nimmt sie ihn nur zum Gemahl.

Grumio.

O, wär' so sicher mir ein gutes Mahl.

(Tranio, stattlich gekleidet, und Biondello treten auf.)

Tranio.

Gott grüß' Euch, Herrn! Wenn ich so frei sein darf,
Ich bitt' Euch, welches ist der nächste Weg
Zum Haus des Herrn Battista Minola?

Gremio.

Der die zwei schmucken Töchter hat, meint Ihr den?

Tranio.

Eben den. — Biondello!

Gremio.

Hört, Herr: Ihr meint doch sie nicht?

Tranio.

Vielleicht, Herr, ihn und sie: was kümmert's Euch?

Petruccio.

Nicht sie, auf keinen Fall, die Zänkerin?

Tranio.
Ich liebe keinen Zank, Herr. — Bionbello, gehn wir hin.

Lucentio (bei Seite).
Gut, Tranio, gut.

Hortensio.
Herr, eh Ihr geht, ein Wort:
Liebt Ihr die andre? sprecht — ja oder nein? — sofort!

Tranio.
Und thät' ich's, Herr, beleidigt' ich damit?

Gremio.
Nein; aber dann hier weiter keinen Schritt!

Tranio.
Ich dächte, Herr, die Straßen sind so frei
Für mich wie Euch?

Gremio.
Doch sie ist's nicht.

Tranio.
Ei, ei!
Warum denn? darf man fragen.

Gremio.
Nun darum, fragt Ihr so,
Weil zur Liebsten sie erwählt hat Signor Gremio.

Hortensio.
Weil zur Liebsten sie erwählt Signor Hortensio.

Tranio.
Sacht, meine Herrn! Als Cavaliere gönnt
Auch mir mein Recht und hört mich ruhig an.
Battista ist ein würd'ger Edelmann,
Dem nicht ganz unbekannt mein Vater war;
Und wär' sein Kind noch schöner als es ist,
Sie kann mehr Freier haben, so auch mich.
Der Leda schöne Tochter hatte tausend:
Schön-Bianca kann denn auch noch einen haben.
So sei's. Lucentio soll der eine sein,
Käm' Paris selbst und hofft', er sieg' allein.

Erster Aufzug. Zweite Scene.

Gremio.
Gebt Acht, der Herr da schwatzt uns alle nieder.

Lucentio.
Laßt ihn nur vor; der Klepper kommt nicht weit.

Petruccio.
Hortensio, wozu so viele Worte?

Hortensio.
Laßt mich so frei sein und Euch fragen, Herr,
Habt Ihr Battista's Tochter je gesehn?

Tranio.
Nein, Herr; doch hör' ich, er hab' ihrer zwei,
Die eine durch ihr böses Maul berühmt,
Die andere durch holde Sittsamkeit.

Petruccio.
Herr, Herr, die erste laßt, die ist für mich.

Gremio.
Ja, laßt dem großen Hercules diese Arbeit,
Die saurer sei als des Alciden zwölf.

Petruccio.
Herr, jetzt im Ernst, vernehmet dies von mir:
Die jüngste Tochter da, auf die Ihr paßt,
Verschließt ihr Vater allen Freiern streng
Und will sie nicht verloben irgendwem,
Bevor die ältre Schwester sich vermählt;
Dann ist die jüngre frei, und eher nicht.

Tranio.
Herr, steht es also und seid Ihr der Mann,
Der helfen muß uns allen, und auch mir:
Brecht Ihr das Eis und thut die Heldenthat,
Daß Ihr die ältre nehmt und so die Bahn
Zur jüngern frei macht — wer sie auch gewinnt,
Wird nicht so schlecht sein, undankbar zu sein.

Hortensio.
Sehr wohl gesprochen, Herr, ja, und sehr klug;
Und da Ihr nun als Freier Euch bekennt,

Müßt Ihr, wie wir, dem Herrn erkenntlich sein,
Dem wir jetzt allesammt verpflichtet sind.

Tranio.

Ich werde nicht ermangeln. Zum Beweis
Bitt' ich, verbringt den Nachmittag bei mir.
Wir stoßen an auf unsrer Damen Wohl
Und machen es wie Gegner im Proceß,
Die, Feind' im Streite, Freunde sind bei Tisch.

Grumio und Blondello.

Famoser Vorschlag! Kinder, gehn wir mit!

Hortensio.

Ein guter Vorschlag, ja, und sei es so:
Petruccio, ich bin Eu'r ben venuto.

(Alle ab.)

Zweiter Aufzug.

Erste Scene.

Ebendaselbst. Ein Zimmer in Battista's Hause.

Katharina und Bianca treten auf.

Bianca.

Thut, liebe Schwester, mir und Euch nicht unrecht,
Indem Ihr mich zur Magd und Sklavin macht:
Das duld' ich nicht. Doch diesen Flitter hier,
Laß mich nur los, so werf' ich selbst ihn fort,
All meine Kleider, bis zum Unterrock.
Auch was du sonst befiehlst, ich will es thun,
Ich weiß, was ich der ältern schuldig bin.

Katharina.

Von allen deinen Freiern, gleich gesteh,
Wen du am liebsten hast; verstell' dich nicht.

Zweiter Aufzug. Erste Scene.

Bianca.

Glaubt mir, von allen Männern auf der Welt
Hab' ich das Angesicht noch nicht gesehn,
Das ich mehr als ein andres leiden mag.

Katharina.

Schätzchen, du lügst. Ist's nicht Hortensio?

Bianca.

Wenn Ihr ihn liebt, so schwör' ich, will ich selbst
Eu'r Anwalt bei ihm sein, Ihr sollt ihn haben.

Katharina.

O! dann steckt dir ein Reicherer im Kopf:
Recht Staat zu machen, willst du Gremio.

Bianca.

Ist er's, um den Ihr mich beneidet? Ach,
Dann spaßt Ihr, und ich merke deutlich nun,
Ihr habt die ganze Zeit mit mir gespaßt.
Nun, Käthchen, binde mir die Hände los.

Katharina.

Wenn das nur Spaß ist, war's das andre auch.
(Schlägt sie.)
(Battista tritt auf.)

Battista.

Halt, halt, Mamsell! Was nehmt Ihr Euch heraus? —
Bianca, zu mir. — Armes Kind, sie weint! —
Gib dich nicht mit ihr ab; geh an dein Nähzeug. —
Pfui, du gemeines teuflisches Geschöpf,
Was kränkst du sie, die niemals dich gekränkt?
Wann hat sie dir ein bittres Wort entgegnet?

Katharina.

Ihr Schweigen höhnt mich, und ich will mich rächen.
(Springt auf Bianca zu.)

Battista.

Was! selbst vor' mir? — Bianca, geh hinein.
(Bianca ab.)

Katharina.

Ihr wollt's nicht dulden? Ha! nun seh' ich wohl,
Sie ist Eu'r Kleinod, sie braucht einen Mann;

Ich soll auf ihrer Hochzeit barfuß tanzen,
Weil Ihr sie liebt, Affen zur Hölle führen.
Sagt mir nichts mehr; ich will jetzt gehn und weinen,
Bis sich Gelegenheit zur Rache zeigt.
(Ab.)

Battista.

Stand je ein Vater so viel aus wie ich!
Doch wer kommt da?

Gremio tritt auf mit Lucentio in geringer Tracht; Petruccio mit Hortensio) als Musiklehrer, und Tranio mit Biondello, der eine Laute und Bücher trägt.)

Gremio.

Guten Morgen, Nachbar Battista.

Battista.

Guten Morgen, Nachbar Gremio. — Gott grüß' Euch, edle Herrn.

Petruccio.

Euch gleichfalls, Herr. Habt Ihr nicht eine Tochter
Mit Namen Katharina, schön und sittsam?

Battista.

Ich hab' ein Kind mit Namen Katharina.

Gremio.

Fein sachte, fallt nicht mit der Thür ins Haus.

Petruccio.

Ihr stört mich, Signor Gremio; laßt mich nur. —
Ich bin ein Edler aus Verona, Herr.
Der Ruf von ihrer Schönheit, ihrem Geist,
Von ihrem freundlichen verschämten Wesen,
Von ihrer Sanftmuth, ihren seltnen Gaben
Hat mich als ungebetnen Gast gelockt
In Euer Haus, damit mein Auge das
Bezeugen könne, was mein Ohr vernahm.
Und freundlichen Empfang mir zu bereiten
Stell' ich Euch einen meiner Freunde vor,
(Er stellt Hortensio vor.)
Der, mit Musik und auch Mathematik
Vertraut, sie beides gründlich lehren kann,
Worin sie, wie ich weiß, kein Neuling ist.
Ich bitte, nehmt ihn an, sonst kränkt Ihr mich:
Sein Nam' ist Licio, aus Mantua.

Battista.

Willkommen, Herr; und Eurethalb auch er:
Doch meine Tochter Katharina, nein,
Paßt nicht für Euch, so leid es mir auch thut.

Petruccio.

Ich seh', daß Ihr Euch ungern von ihr trennt;
Vielleicht behagt Euch meine Sippschaft nicht?

Battista.

Miskennt mich nicht; ich rede wie ich's meine.
Woher seid Ihr, mein Herr? Wie nenn' ich Euch?

Petruccio.

Petruccio heiß' ich, bin Antonio's Sohn,
Der wohlbekannt in ganz Italien ist.

Battista.

Ich kenn' ihn wohl; willkommen seinethalb.

Gremio.

Verzeiht die Unterbrechung, Herr Petruccio,
Doch gönnt uns armen Freiern auch das Wort.
Sacht, sacht! Ihr seid verzweifelt ungestüm.

Petruccio.

Verzeihung, Signor Gremio, gern käm' ich rasch ans Ziel.

Gremio.

Glaub's gerne, Herr, doch werdet Ihr verderben Euch das Spiel. —
Nachbar Battista, dies Geschenk ist Euch gewiß sehr angenehm.
Und Euch meinerseits die gleiche Aufmerksamkeit zu beweisen, denn
ich bin Euch mehr verbunden als irgendjemand, erlaube ich mir
Euch diesen jungen Gelehrten vorzustellen (Er stellt Lucentio vor.),
der lange in Rheims studirt hat und ebenso im Griechischen, La-
teinischen und in andern Sprachen bewandert ist, wie jener in
Musik und Mathematik. Sein Name ist Cambio; ich bitte, nehmt
seine Dienste an.

Battista.

Tausend Dank, Signor Gremio. — Willkommen, lieber Cambio.
(Zu Tranio.) Aber Ihr, geehrter Herr, scheint hier fremd; darf
ich so dreist sein und nach der Ursache Eures Besuchs fragen?

Tranio.

Die Dreistigkeit ist meinerseits, mein Herr,
Daß ich, ein Fremder hier in dieser Stadt,
Als Freier Eurer Tochter mich erkläre,
Des schönen tugendhaften Fräuleins Bianca.
Auch weiß ich, daß Ihr fest entschlossen seid,
Zuerst die ältre Schwester zu vermählen.
Ich bitte mir nur die Erlaubniß aus,
Daß ich, sobald Ihr meine Herkunft kennt,
Mich wie die andern Freier bei Euch zeigen
Und gleiche Gunst und Zutritt hoffen darf.
Was Eurer Töchter Unterricht betrifft,
So bring' ich hier dies schlichte Instrument,
Dies Päckchen Bücher, griechisch und latein;
Nehmt Ihr sie an, erhalten sie erst Werth.

Battista.

Lucentio ist Eu'r Name? Und woher?

Tranio.

Aus Pisa, Herr; ein Sohn Vincentio's.

Battista.

Ein angesehner Mann, mir wohlbekannt
Vom Hörensagen; seid willkommen, Herr.
(Zu Hortensio)
Nehmt Ihr die Laute;
(Zu Lucentio)
Ihr die Bücher da.
Gleich sollt ihr eure Schülerinnen sehn.
Hollah da drinnen!
(Ein Diener kommt.)
Führe diese Herrn
Zu meinen Töchtern; ihre Lehrer sind's,
Sag ihnen: und sie möchten höflich sein.
(Der Diener ab mit Hortensio, Lucentio und Biondello.)
Wir wollen einen Gang im Garten thun,
Und dann zu Tisch. Ihr seid mir höchst willkommen:
Deß, bitt' ich, seid mir alle überzeugt.

Petruccio.

Signor Battista, mein Geschäft hat Eil';
Ich kann nicht täglich kommen um zu frein.
Da Ihr den Vater kanntet, kennt Ihr mich,

Zweiter Aufzug. Erste Scene.

Den einz'gen Erben seines Lands und Guts,
Das eher zu- als abnahm unter mir;
Drum sagt, gewinn' ich Eurer Tochter Gunst,
Wie viel Vermögen bringt sie mir wol zu?

Battista.

Nach meinem Tod die Hälfte meines Guts,
Und zwanzigtausend Kronen baar sogleich.

Petruccio.

Und gegen diese Mitgift sich'r' ich ihr
Ein Wittpum zu, falls sie mich überlebt,
Auf meine Güter, meine Pächterein.
Genauer drum sei dies nun aufgesetzt
Als gegenseitig bindender Vertrag.

Battista.

Ja, wenn der Hauptpunkt erst im Reinen ist
Daß sie Euch liebt; das ist das A und O.

Petruccio.

Ach, das ist gar nichts; denn ich sag' Euch, Vater,
Ich bin so schneidig als sie trotzig ist;
Und wo zwei wilde Feuer sich begegnen,
Verzehren sie was ihre Flamme nährt.
Ein kleiner Wind bläst kleines Feuer an,
Doch ein Orkan bläst Feu'r und alles aus:
So thu' ich ihr, und so gibt sie mir nach,
Denn ich bin schroff und werb' nicht wie ein Säugling.

Battista.

Wirb denn um sie, und sei das Glück dir hold!
Doch sei gefaßt auf manches böse Wort.

Petruccio.

Nur zu; ich steh' wie ein Gebirg im Sturm,
Das nimmer wankt, so sehr er immer tobt.
(Hortensio kommt zurück mit zerschlagenem Kopf.)

Battista.

Was gibt's, mein Freund? warum bist du so blaß?

Hortensio.

Vor lauter Schrecken, wahrlich, bin ich blaß.

Battista.
Nun, zeigt das Fräulein zur Musik Talent?
Hortensio.
Talent zum Landsknecht eher, wie mich dünkt;
Stahl hält bei ihr wol, eine Laute nicht!
Battista.
So lernt sie wol das Lautenschlagen nie?
Hortensio.
Ach, sie zerschlug die Laute schon an mir.
Ich sagt' ihr nur, die Griffe seien falsch,
Und bog ihr sanft die Hand zum Fingersatz;
Da rief sie wie besessen, außer sich:
„Das nennt Ihr Griffe? wart, ich greif' Euch was!"
Und kaum gesagt, schlug sie mich auf den Kopf,
Und durch die Laute fuhr mein Schädel durch:
Und ich stand eine Weile da, verdutzt,
Wie am Halseisen, durch die Laute guckend,
Indessen sie mich lump'gen Dudler schalt
Und Klimperhans, nebst andern Schimpferein,
Als hätte sie studirt drauf mich zu schmähn.
Petruccio.
Nun, meiner Seel', ein artiges Geschöpf!
Jetzt lieb' ich sie noch zehnmal mehr als je;
Wie sehn' ich mich, zu plaudern eins mit ihr!
Battista
Kommt mit mir, und seid nicht so außer Euch)
Gebt meiner jüngern Tochter Unterricht,
Die lernbegierig guter Lehre dankt. —
Signor Petruccio, wollt Ihr mit uns gehn?
Ja? oder send' ich Euch mein Käthchen her?
Petruccio.
Das letzte, bitt' ich. — Ich will warten hier
(Battista, Gremio, Tranio und Hortensio ab.)
Und lustig um sie freien, wenn sie kommt.
Gesetzt, sie schilt: ei, sag' ich dann ihr keck,
Sie finge lieblich wie die Nachtigall;
Gesetzt, sie zürnt: sag' ich, ihr Blick sei klar
Wie Morgenrosen frisch getränkt von Thau;

Gesetzt, sie bleibe stumm und sprech' kein Wort:
Dann lob' ich ihre Zungenfertigkeit
Und sage, herzergreifend rede sie;
Ruft sie „Packt Euch": dank' ich, als bät' sie mich
Bei ihr zu bleiben eine Woche lang;
Gibt sie mir einen Korb, so frag' ich, wann
Das Aufgebot sei, wann der Hochzeitstag. —
Da kommt sie schon: und nun, Petruccio, sprich.
(Katharina tritt auf.)
Gott grüß' Euch, Käthchen, denn so heißt Ihr, hör' ich.
Katharina.
Ihr hörtet recht, doch hörtet nicht gehörig;
Wer von mir spricht, der nennt mich Katharina.
Petruccio.
Da lügt Ihr; Käthchen schlechtweg nennt man Euch,
Schön=Käthchen und dann Böses Käthchen auch.
Doch, Käthchen, schmuckstes Käthchen auf der Welt,
Käthchen von Käthchenheim, mein leckres Kätzchen,
Lecker sind alle Kätzchen, darum Käthchen,
Vernimm von mir jetzt, Käthchen, du mein Trost:
Von deiner Sanftmuth hör' ich allerwärts,
Hoch preist man deine Schönheit, deine Tugend,
Doch lange nicht so laut wie du verdienst;
Und dies bewog mich her, um dich zu frein.
Katharina.
Bewog Euch her! Gut, wer Euch her bewog,
Beweg' Euch wieder fort. Ich hielt Euch gleich
Für was Bewegliches.
Petruccio.
Was ist beweglich?
Katharina.
Ein Sessel.
Petruccio.
Richtig; komm und sitz auf mir.
Katharina.
Die Esel sind zum Tragen da, auch Ihr.
Petruccio.
Die Weiber sind zum Tragen da, auch Ihr.

Katharina.
Nicht für solch Pack wie Ihr, wenn Ihr mich meint.
Petruccio.
Lieb Käthchen, ach, ich will dich nicht beschweren,
Dieweil ich weiß, du bist noch jung und leicht —
Katharina.
Zu leicht, als daß ein Klotz wie Ihr mich fängt,
Und grade schwer genug so wie ich bin.
Petruccio.
Ich Bien'? Du Hummel — summ'.
Katharina.
      Was für ein Narr!
Petruccio.
Ein Aar! soll er dich Turteltäubchen nehmen?
Katharina.
Dann nimmt er statt der Taube einen Aar.
Petruccio.
Geh, geh, du Wespe; du bist gar zu bös.
Katharina.
Bin ich so wespig, fürchtet meinen Stachel.
Petruccio.
Das beste Mittel ist, ich reiß' ihn aus.
Katharina.
Ja, wenn der Narr nur wüßte wo er steckt.
Petruccio.
Wer weiß nicht wo der Wespe Stachel sitzt?
Im Schweif.
Katharina.
   Nein, in der Zunge.
Petruccio.
      Wessen Zunge?
Katharina.
In Eurer, die von Schweifen spricht; lebt wohl.

Zweiter Aufzug. Erste Scene.

Petruccio.
Wie! meine Zung' in Euerm Schweif? Bleib, Käthchen;
Ich bin ein Cavalier.
Katharina.
Das will ich sehn.
(Schlägt ihn.)
Petruccio.
Bei Gott, Ihr kriegt eins, schlagt Ihr noch einmal.
Katharina.
Dann kommt Ihr um Eu'r Wappen;
Wenn Ihr mich schlagt, seid Ihr kein Edelmann:
Kein Edelmann, kein Wappen.
Petruccio.
Käthchen, wie?
Ein Herold du? O schreib mich in dein Buch.
Katharina.
Mit welchem Helmschmuck? einem Hahnenkamm?
Petruccio.
Hahn ohne Kamm, wird Käthchen meine Henne.
Katharina.
Kein Hahn für mich; Ihr kräht wie ein Kapaun.
Petruccio.
Nein, Käthchen, komm; schau nicht so sauer drein.
Katharina.
Das thu' ich stets, wenn ich Holzäpfel sehe.
Petruccio.
Doch hier ist keiner, sieh drum nicht so sauer.
Katharina.
Doch, doch!
Petruccio.
Zeig' ihn.
Katharina.
Hätt' ich nur einen Spiegel.
Petruccio.
Wie, mein Gesicht?

Katharina.
So jung und so gescheit!
Petruccio.
Nun, bei Sanct-Georg, für Euch bin ich zu jung.
Katharina.
Und doch schon welk.
Petruccio.
Vor Kummer.
Katharina.
Kümmert's mich?
(Will gehen.)
Petruccio.
Hört, Käthchen, so entkommt Ihr nicht; bleibt stehn.
Katharina.
Ich ärgr' Euch, wenn ich bleibe; laßt mich gehn.
Petruccio.
Nicht im geringsten, du bist allerliebst.
Man sagte mir, rauh seist du, mürrisch, spröd;
Nun find' ich das Gerücht höchst lügenhaft,
Denn du bist heiter, fügsam, superfein,
Zwar wortkarg, doch wie Frühlingsblumen süß;
Du kannst nicht scheel sehn, noch die Stirne runzeln,
Die Lippen beißen wie ein zornig Weib,
Noch hast du irgend Lust am Widerspruch;
Voll Milde unterhältst du deine Freier
Mit freundlichem, sanft-traulichem Gespräch.
Wie mag die Welt nur sagen, Käthchen hinkt?
O böse Welt! schlank wie ein Haselzweig
Ist Käthchen und so grade, und so braun
Wie Haselnüss', und süßer als ihr Kern.
O, laß mich deinen Gang sehn: du hinkst nicht.
Katharina.
Geh, Narr, und wo man dir gehorcht, befiehl!
Petruccio.
Hat je Diana einen Hain geschmückt,
Wie Käthchen's königlicher Gang dies Zimmer?
Sei du Diana, laß sie Käthchen sein:
Und dann sei Käthchen keusch, Diana spaßhaft!

Zweiter Aufzug. Erste Scene.

Katharina.

Wo habt Ihr all die schönen Reden her?

Petruccio.

Ganz aus dem Stegreif, 'sist mein Mutterwitz.

Katharina.

Die witz'ge Mutter! witzlos sonst ihr Sohn.

Petruccio.

Hab' ich nicht Witz?

Katharina.

Ja; haltet Euch nur warm.

Petruccio.

Das denk' ich, süßes Kind, in deinem Bett.
Und drum, all dies Geschwätz beiseitgesetzt,
Sag' ich dir rundheraus: dein Vater gibt
Dich mir zur Frau; die Mitgift ist bestimmt;
Woll' oder wolle nicht, ich führ' dich heim.
Ich, Käthchen, bin so recht ein Mann für dich;
Denn, bei dem Licht, das deine Schönheit zeigt,
Die Schönheit, die dich mir so lieb gemacht,
Du kommst an keinen andern Mann als mich;
Denn dich zu zähmen kam ich auf die Welt,
Aus einer wilden Katz' ein schmiegsam Käthchen
Zu machen gleich den andern zahmen Kätzchen.
Da kommt dein Vater; weigre dich nur nicht,
Ich will und muß zur Frau Kathrinen haben.

(Battista, Gremio und Tranio kommen zurück.)

Battista.

Nun, Signor Petruccio, wie glückt' es Euch bei meiner Tochter?

Petruccio.

Wie sonst als gut, Signor? wie sonst als gut?
Unmöglich wär' es, daß es mir nicht glückte.

Battista.

Ei, Tochter Katharina, stets verdrießlich?

Katharina.

Nennt Ihr mich Tochter? Nun, ich muß gestehn,
Ihr zeigtet große Vaterzärtlichkeit,
Als Ihr dem Halbverrückten mich versprach,

Dem tollen Schnapphahn, Hans dem Flucher da,
Der meint, mit Schwören ſetz' er alles durch.

Petruccio.

So ſteht es, Vater: Ihr und alle Welt,
Wer von ihr ſprach, der ſprach verkehrt von ihr.
Sie ſtellt ſich nur ſo bös aus Politik;
Sie iſt nicht trotzig, ſondern taubenſanft,
Nicht hitzig, ſondern wie der Morgen kühl;
Sie thut es in Geduld Griſeldis gleich,
In ihrer Keuſchheit Roms Lucretia;
Und kurz und gut, wir haben ausgemacht,
Am Sonntag ſchon ſoll unſre Hochzeit ſein.

Katharina.

Gehenkt will ich dich ſehn am Sonntag erſt!

Gremio.

Petruccio, horch: gehenkt dich ſehen erſt!

Tranio.

So weit kamt Ihr? Nun dann Gut' Nacht mit uns!

Petruccio.

Geduld, Ihr Herrn; ich wählte ſie für mich:
Wenn's Ihr und mir recht iſt, was geht's Euch an?
Wir kamen unter uns nur überein,
Daß ſie noch böſe ſein ſoll vor der Welt.
Unglaublich iſt's zu glauben, ſag' ich Euch,
Wie ſie mich liebt. O zärtlich Käthchen du!
Sie hing an meinem Hals; Kuß ward mit Kuß
Und Schwur mit Schwur ſo ſchnell von ihr getrumpft,
Daß ſie im Nu mein ganzes Herz gewann.
O, Ihr ſeid Neulinge! 's iſt wunderbar,
Wie zahm, wenn Mann und Männin ſind allein,
Ein Weib von Mann das ärgſte Mannweib macht. —
Käthchen, die Hand; ich will jetzt nach Venedig,
Um einzukaufen unſern Hochzeitsſtaat. —
Sorgt, Vater, für das Feſt und für die Gäſt';
Mein Katharinchen wird ſchon zierlich ſein.

Battiſta.

Was ſag' ich nur? — Gebt eure Hände her.
Petruccio, ſegn' Euch Gott! ihr ſeid ein Paar.

Zweiter Aufzug. Erste Scene.

Gremio und Tranio.

Wir sagen Amen; laßt uns Zeugen sein.

Petruccio.

Braut, Vater, Freunde, lebt denn wohl! Ich will
Jetzt nach Venedig; Sonntag rückt heran,
Da gibt es Ring' und Ding' und Kleider fein;
Käthchen, küß' mich! Sonntag soll Hochzeit sein.

(Petruccio und Katharina nach verschiedenen Seiten ab.)

Gremio.

Ward je ein Paar so Knall und Fall verlobt?

Batista.

Traun, Freunde, wie ein Kaufmann spiel' ich jetzt,
Der alles toll auf Einen Handel setzt.

Tranio.

Bei Euch verlag die Waare; nun wird sie
Gewinn Euch bringen, oder untergehn.

Batista.

Was ich gewinnen will, ist Ruhe blos.

Gremio.

Kein Zweifel, er gewann ein ruhig Los. —
Battista, nun zu Eurem jüngsten Kind.
Der lang' von uns ersehnte Tag ist da;
Ich bin Eu'r Nachbar, und ich warb zuerst.

Tranio.

Ich aber liebe Fräulein Bianca mehr,
Als Worte kundthun, als Ihr ahnen könnt.

Gremio.

Gelbschnabel, nicht wie ich.

Tranio.

Graubart, es hängt
Schon Eis um deine Liebe.

Gremio.

Deine sengt.
Fort, Bürschchen, fort; das Alter gibt die Nahrung.

Tranio.

Doch Jugend gilt den Fraun mehr als Erfahrung.

Battista.

Gemach, ihr Herrn. So schlicht' ich diesen Streit.:
Die That gewinnt den Preis, und wer von euch
Das größte Wittthum ihr versichern kann,
Führ' meine Bianca heim. —
Sagt, Signor Gremio, was bietet Ihr?

Gremio.

Erstens, Ihr wißt, mein Haus hier in der Stadt
Ist reich versehn mit Gold- und Silberzeug,
Waschbecken, Kannen für die zarte Hand,
Tapeten, ganz von turischem Gewirk;
In Truhn von Elfenbein verwahrt mein Schatz;
Steppdecken, Teppiche in Cedernkisten,
Kostbare Stoffe, Zelte, Baldachine,
Battiste, türk'sche Polster perlgestickt,
Venetianisch Franswerk, goldne Spitzen,
Messing und Zinn, und alles was zum Haus
Gehört und Haushalt. Dann auf meinem Gut
An hundert Kühe, die man täglich melkt,
Zehn Dutzend fetter Ochsen in dem Stall,
Und alles andre dem entsprechend auch.
Ich selber bin bejahrt, ich leugn' es nicht;
Und sterb' ich morgen, so ist alles ihr,
Wenn sie nur mein sein will solang' ich lebe.

Tranio.

Das „nur" war passend! — Hört nun mich an, Herr:
Ich bin des Vaters Erb' und einz'ger Sohn;
Wenn Ihr mir Eure Tochter gebt zur Frau,
So hinterlaß' ich drei, vier Häuser ihr
Im reichen Pisa, schön wie irgendeins
Der alte Gremio hat in Padua;
Dazu zweitausend Gülden Jahrertrag
Aus Fruchtland: all das soll ihr Wittthum sein. —
Nun, Signor Gremio, hab' ich Euch gezwickt?

Gremio.

Zweitausend Gülden jährlichen Ertrag!
So viel zieh' ich aus Grund und Boden nicht.
Doch ich verschreib' ihr noch ein Handelsschiff,
Das jetzt im Hafen von Marseille liegt. —
Nun, schlug ich Euch mit meinem Handelsschiff?

Zweiter Aufzug. Erste Scene.

Tranio.

Gremio, man weiß, nicht weniger als drei
Kauffahrer hat mein Vater, zwei Galioten,
Zwölf Ruderschiffe: die verschreib' ich ihr
Und sonst noch doppelt was Ihr bieten mögt.

Gremio.

Nein, ich bot alles schon, mehr hab' ich nicht.
Mehr haben als mein Alles kann sie nicht;
Mich und das Meine kriegt sie: wollt Ihr mich.

Tranio.

Dann ist das Mädchen mein vor aller Welt
Kraft Eures Worts; Gremio ist übertrumpft.

Battista.

Ich muß gestehn, daß Ihr am meisten bietet;
Und wenn ihr Euer Vater das verschreibt,
So ist sie Euer; sonst — entschuldigt mich,
Denn wenn Ihr vor ihm stürbt, wo blieb' ihr Wittthum?

Tranio.

Unnütze Skrupel! er ist alt, ich jung.

Gremio.

Kann man nicht sterben jung so gut wie alt?

Battista.

Wohlan, ihr Herrn,
So hab' ich mich entschlossen: Wie Ihr wißt,
Ist nächsten Sonntag Katharina's Hochzeit;
Am Sonntag drauf soll Bianca sich mit Euch
Vermählen, wenn Ihr die Verschreibung schafft;
Wo nicht, mit Signor Gremio.
Und so empfehl' ich mich und dank' euch beiden.

(Ab.)

Gremio.

Ade, Herr Nachbar. — Nun fürcht' ich dich nicht;
Dein Vater, junger Leichtfuß, wär' ein Narr,
Gäb' er dir alles, um als schwacher Greis
Den Fuß zu setzen unter deinen Tisch.
Nein, nein, mein Junge; Possen! sag' ich drum:
Ein alter welscher Fuchs ist nicht so dumm.

(Ab.)

Tranio.

Die Kränk' auf dein spitzbübisch runzlig Fell!
Doch gelt, ich stach dein Bild mit einer Zehn?
Wie aber helf' ich meinem lieben Herrn?
Es geht nur, wenn der Schein-Lucentio
Zeugt einen Vater Schein-Vincentio.
Das ist ein Wunder, denn gemeiniglich
Zeugt der Vater das Kind; doch in diesem Fall da,
Gelingt meine List, zeugt das Kind den Papa.

(Ab.)

Dritter Aufzug.

Erste Scene.

Ein Zimmer in Battista's Hause.

Lucentio, Hortensio und Bianca treten auf.

Lucentio.

Halt, Fidler, halt; Ihr werdet mir zu dreist.
Vergaßt Ihr denn so bald schon den Empfang,
Womit Euch Katharina hier begrüßt?

Hortensio.

Doch, zänkischer Pedant, dies Fräulein ist
Der Himmelsharmonie Beschützerin;
Darum gestattet nur den Vorrang mir;
Und wenn wir eine Stunde musicirt,
Dann nehmt zu Eurem Lesen gleich viel Zeit.

Lucentio.

Dummkopf, der nicht einmal so viel gelernt,
Daß er den Endzweck der Musik begreift!
Soll sie nicht erst erfrischen unsern Geist
Nach unsern Studien und des Tages Mühn?
Drum mit Verlaub, erst die Philosophie,
Bevor Ihr auftischt Eure Harmonie.

Dritter Aufzug. Erste Scene.

Hortensio.

Kerl, deine Prahlereien duld' ich nicht.

Bianca.

Ihr Herren, ihr beleidigt beide mich
Und zankt, wo meine Wahl entscheiden muß.
Ich bin kein Schulkind, das die Ruthe kriegt,
Will nicht an Stund' und Zeit gebunden sein,
Ich nehm' die Lection wie mir's gefällt.
Den Streit zu schlichten, setzen wir uns hier —
Probt Ihr indessen Euer Instrument;
Er liest mir nur so lang' noch wie Ihr stimmt.

Hortensio.

Ihr hört mit Lesen auf, wenn ich gestimmt?
(Zieht sich in den Hintergrund zurück.)

Lucentio.

Das möchte nie sein. — Stimmt Eu'r Instrument.

Bianca.

Wo blieben wir?

Lucentio.

Hier, Fräulein:
Hic ibat Simois; hic est Sigeia tellus;
Hic steterat Priami regia celsa senis.

Bianca.

Uebersetzt mir's.

Lucentio.

Hic ibat, wie ich Euch schon gesagt, — Simois, ich bin Lucentio, — hic est, Vincentio's Sohn aus Pisa, — Sigeia tellus, so verkleidet, um Eure Liebe zu gewinnen; — Hic steterat, und der Lucentio, der als Freier kommt, — Priami, ist mein Diener Tranio, — regia, der meine Rolle spielt, — celsa senis, um den alten Pantalon zu überlisten.

Hortensio *(tritt wieder vor).*

Fräulein, mein Instrument stimmt jetzt.

Bianca.

Laßt hören. *(Hortensio spielt.)* Pfui! wie schnarrt es in der Höh'!

Lucentio.

Spuckt in die Hände, Freund, und stimmt auf's neu.

Bianca.

Nun laßt mich sehn, ob ich's kann übersetzen:
   Hic ibat Simois, ich kenne Euch nicht; — hic est Sigeia tellus,
ich trau' Euch nicht; — Hic steterat Priami, gebt Acht, daß er uns
nicht hört; — regia, seid nicht zu kühn; — celsa senis, ver=
zweifelt nicht.

Hortensio.

Nun, Fräulein, stimmt es.

Lucentio.

Ja, bis auf den Baß.

Hortensio.

Der Baß stimmt gut. (Bei Seite.) Kerl, was nicht paßt, bist du.
Wie dreist und feurig unser Schulfuchs wird!
Nun macht der Kerl ihr meiner Seel' den Hof;
Pedascule, ich paß' dir besser auf!

Bianca.

Einst glaub' ich es vielleicht, noch zweifl' ich dran.

Lucentio.

O zweifelt nicht. (Laut.) Gewiß, der Aeacid'
War Ajax, so genannt nach seinem Ahn.

Bianca.

Ich muß dem Lehrer glauben; sonst, fürwahr,
Würd' ich auf meinem Zweifel fest bestehn:
Doch lassen wir's. — Jetzt, Licio, zu Euch. —
Ihr lieben Lehrer, bitte, seid nicht böse,
Daß ich mir solchen Scherz mit euch erlaubt.

Hortensio (zu Lucentio).

Ihr könnt jetzt gehn und mich ein Weilchen lassen;
Ich gebe nicht in Trios Unterricht.

Lucentio.

Seid Ihr so peinlich, Herr? (Bei Seite.) Ich bleibe hier
Und paß' ihm auf; wenn mich nicht alles trügt,
Ist unser schmucker Musikus verliebt.

Hortensio.

Fräulein, bevor Ihr in die Saiten greift,
Damit Ihr meinen Fingersatz erlernt,

Dritter Aufzug. Erste Scene.

Beginn' ich mit dem A=B=C der Kunst;
Die Scala bring' ich Euch viel kürzer bei,
Viel leichter, deutlicher und faßlicher,
Als einer meines Fachs sie je gelehrt:
Da habt Ihr sie in schöner saubrer Schrift.

Bianca.

Die Scala hab' ich längst schon hinter mir.

Hortensio.

Lest nur die Scala von Hortensio hier.

Bianca.

„Scala bin ich, Grund aller Harmonie,
A re — zu zeugen für Hortensio's Glut;
B mi — Bianca, o erwidre sie!
C fa ut — denn er ist dir herzlich gut.
D sol re — Ein Schlüssel, zwei Noten sind mein;
E la mi — erbarmt Euch, sonst sterb' ich vor Pein!"
Das nennt Ihr Scala? Pah! ich mag sie nicht;
Ich hab' die alten, echten Moden lieb,
Mich lüstet nicht nach dummer Neuerung.

(Ein Diener tritt auf.)

Diener.

Fräulein,
Eu'r Vater wünscht, daß Ihr die Bücher laßt
Und Eurer Schwester Zimmer schmücken helft;
Ihr wißt ja, morgen ist der Hochzeitstag.

Bianca.

Lebt wohl, ihr lieben Lehrer; ich muß gehn.

(Bianca und Diener ab.)

Lucentio.

Dann, Fräulein, hab' ich keinen Grund zu bleiben.

(Ab.)

Hortensio.

Doch ich hab' Grund, den Schulfuchs auszuspähn;
Er sieht mir aus als wär' er auch verliebt. —
Doch, Bianca, läßt du dich so tief herab
Und wirfst dein unstet Aug' auf jeden Köder,
So nehme dich wer mag; seh' ich dich schwanken,
Dann wechselt auch Hortensio die Gedanken.

(Ab.)

Zweite Scene.

Padua. Vor Battista's Hause.

Battista, Gremio, Tranio, Katharina, Bianca, Lucentio und Diener treten auf.

Battista.

Dies ist, Lucentio, der bestimmte Tag
Für Katharina's und Petruccio's Hochzeit,
Und noch hör' ich von meinem Eidam nichts.
Was wird man sagen! welch Gespött wird's geben!
Der Bräut'gam fehlt noch, und der Priester steht
Bereit schon die Vermählung zu vollziehn!
Was sagt Lucentio zu unsrer Schmach?

Katharina.

Nur meine Schmach; gezwungen wurd' ich ja,
Die Hand zu reichen wider mein Gefühl
Dem tollen, launenhaften Grobian,
Der hastig freit und langsam Hochzeit macht.
Ich sagt' Euch, ich, von Sinnen sei der Narr,
In Derbheit hüllend seine schlechten Witze,
Der, um für einen lust'gen Kopf zu gelten,
Um tausend Mädchen freit, die Hochzeit festsetzt,
Das Aufgebot bestellt, die Freunde ladet
Und nicht an Heirath denkt wo er gefreit.
Mit Fingern weist man nun aufs arme Käthchen
Und spricht: „Da seht Petruccio's Frau, des tollen;
Käm' er nur erst und holte sie sich heim."

Tranio.

Geduld, lieb Käthchen; und Geduld, Battista.
Ich schwöre drauf, Petruccio meint es gut,
Was ihn auch hindern mag sein Wort zu halten;
Ich weiß, so derb er ist, so klug ist er,
So gern er scherzt, so ehrbar doch zugleich.

Katharina.

O hätt' ihn Katharina nie gesehn!
(Geht weinend ab; Bianca und andere folgen.)

Battista.

Geh, Kind; ich schelte nicht, wenn du jetzt weinst;

Denn solch ein Schimpf würd' eine Heil'ge kränken,
Geschweige einen Trotzkopf deines Schlags.

(Biondello tritt auf.)

Biondello.

Herr, Herr! alte Neuigkeiten, doch Neuigkeiten dergleichen Ihr nie gehört!

Battista.

Was! alt und neu zugleich! wie kann das sein?

Biondello.

Nun, ist's keine Neuigkeit, zu hören, daß Petruccio kommt?

Battista.

Ist er gekommen?

Biondello.

Durchaus nicht, Herr.

Battista.

Was denn?

Biondello.

Er kommt.

Battista.

Wann wird er hier sein?

Biondello.

Wenn er hier steht, wo ich steh', und Euch dort sieht.

Tranio.

So sag' endlich, was ist's mit deinen alten Neuigkeiten?

Biondello.

Nun, Petruccio kommt mit einem neuen Hut und einem alten Wams, einem Paar alten Hosen, die schon dreimal gewendet sind, einem Paar Stiefeln, die schon als Talglichterkorb gedient haben, der eine geschnallt und der andre geschnürt, einem alten rostigen Degen aus dem Stadtzeughause, mit zerbrochenem Gefäß und ohne Griff; mit zwei geplatzten Nesteln; sein Pferd hüftlahm, mit einem alten wurmstichigen Sattel und zweierlei Steigbügeln, außerdem mit dem Rotz behaftet und an der Rückendarre leidend, von der Mundfäule geplagt und von der Räude angesteckt, voller Steingallen, caput vom Spath, gestreift von der Gelbsucht, unheilbar krank an der Feisel, stark mitgenommen vom Koller, zerfressen von Darmwürmern, rücken- und buglahm, schwach auf den Vorderfüßen, mit einer halbverbogenen Stange und einem schafs- ledernen Kopfzaum, den man, um das Pferd vom Stolpern ab-

zubalten, so straff angezogen hat, daß er schon oft zerrissen und
nun zusammengeknotet ist; mit einem Gurt in sechs Stücken, und
einem sammtenen Schwanzriemen von einem Damensattel, mit den
Anfangsbuchstaben der Besitzerin aus Nägeln draufgeschlagen und
stellenweise mit Packdraht geflickt.

Battista.

Und wer kommt mit ihm?

Blondello.

Sein Lakai, Herr, angeschirrt, Potz Wetter! wie das Pferd: mit
einem leinenen Strumpf am einen Beine, und einer grobwollenen
Gamasche am andern; der eine Kniegürtel von rother, der andere
von blauer Sahlleiste; mit einem alten Hut, auf den er die
„Vierzig neuen lustigen Liebeslieder" als Federbusch gesteckt hat; ein
Ungeheuer, ein wahres Ungeheuer in seinem Anzug, und nicht wie
ein christlicher Diener oder eines Edelmanns Lakai.

Tranio.

Wol eine tolle Laun' ist dieser Aufzug;
Doch geht er oft so ordinär einher.

Battista.

Ich bin nur froh, er kommt, wie er auch kommt.

Blondello.

Ei, Herr, er kommt nicht.

Battista.

Sagtest du nicht, er komme?

Blondello.

Er komme? wer? Petruccio?

Battista.

Petruccio komme, ja.

Blondello.

Nein, Herr, ich sage, sein Pferd kommt und er sitzt drauf.

Battista.

Das ist doch ganz eins.

Blondello.

Nun, bei Sanct=Jakob, ich wette; zwei Pfennige setz' ich aufs
Spiel:
Ein Pferd und ein Mann sind mehr als eins, und sind doch auch
nicht viel.

(Petruccio stürzt herein. Grumio.)

Dritter Aufzug. Zweite Scene.

Petruccio.
Wo sind die feinen Herrn? Wer ist zu Haus?

Battista.
Gut, daß Ihr kommt, Herr.

Petruccio.
Gut komm' ich just nicht.

Battista.
Ihr hinkt doch nicht, Herr.

Tranio.
Nicht so gut gekleidet
Wie ich wol wünschte.

Petruccio.
Wär' ich's besser auch,
Ich wär' doch ebenso hereingestürzt.
Doch wo ist Käthchen, meine holde Braut?
Was macht mein Vater? Leute, zürnt ihr mir?
Was gafft die ehrenwerthe Compagnie,
Als wär' hier, weiß nicht, wunder was zu sehn,
Ein seltsam Ungeheuer, ein Komet?

Battista.
Ei, Herr, Ihr wißt, heut ist Eu'r Hochzeitstag.
Erst waren wir betrübt, daß Ihr nicht kämt,
Und nun betrübter noch, Euch so zu sehn.
Pfui! weg dies Kleid, ein Schimpf für Euren Stand,
Ein Dorn im Auge dieser Festlichkeit!

Tranio.
Und sagt uns, welch ein wicht'ger Anlaß hat
So lang' von Eurer Braut Euch fern gehalten
Und nun Euch hergeführt so ganz entstellt?

Petruccio.
Langweilig wär's zu melden, herb zu hören;
Genug, ich bin mein Wort zu halten da,
Wenn ich auch etwas davon abgehn muß,
Weßhalben ich bei beßrer Muße mich
Entschuld'gen will, daß Ihr zufrieden seid.
Doch wo ist Käthchen? Und was steh' ich hier?
Der Tag verstreicht, es ist zum Kirchgang Zeit.

Tranio.

Geht nicht zur Braut in solch nachläss'ger Tracht;
Kommt auf mein Zimmer, nehmt von meinen Kleidern.

Petruccio.

Das thu' ich nicht; nein, so besuch' ich sie.

Battista.

Doch laßt Euch, hoff' ich, so mit ihr nicht traun.

Petruccio.

So, grade so; drum spart die Worte, Herr;
Mir wird sie angetraut, nicht meinem Kleid.
Könnt' ich was sie an mir vernutzt so leicht
Erneun, wie diese schlechten Kleider wechseln,
's wär' gut für Käthchen, und zumal für mich.
Doch welch ein Narr bin ich und schwatz' mit Euch,
Statt Guten Tag zu bieten meiner Braut,
Das Wort besiegelnd mit verliebtem Kuß!

(Petruccio, Grumio und Biondello ab.)

Tranio.

Er hat was vor mit seiner tollen Tracht;
Kommt, reden wir ihm zu, wenn's möglich ist,
Sich vor der Trauung besser anzuziehn.

Battista.

Ich will ihm nach und sehn, was weiter wird.

(Ab.)

Tranio.

Herr, außer Bianca's Liebe brauchen wir
Des Vaters Jawort noch; dies zu erlangen,
Wie ich bereits Eu'r Gnaden mitgetheilt,
Seh' ich mich um nach jemand — wer's auch sei,
Das macht nichts aus, wir stutzen ihn schon zu —
Der soll Vincentio aus Pisa sein
Und uns verschreiben hier in Padua
Weit größre Summen noch, als ich versprach.
So könnt Ihr ruhig Eures Glücks Euch freun
Und führt sie mit des Vaters Willen heim.

Lucentio.

Wenn nur mein würdiger College nicht
Die Schritte Bianca's alle scharf bewachte,

So wär's wol gut, ich ließ' mich heimlich traun
Ist das geschehn, sag' alle Welt auch Nein,
Halt' ich das Meine fest trotz aller Welt.

Tranio.

Hierzu laßt uns die günst'ge Zeit ersehn
Und stets auf unsern Vortheil wachsam sein:
Wir überlisten Graubart Gremio,
Den ängstlich lauernden Vater Minola,
Den schmachtenden Musiknarrn Licio, —
Alles für meinen Herrn Lucentio.
(Gremio kommt zurück.)
Schon aus der Kirche, Signor Gremio?

Gremio.

So gern wie ich je aus der Schule kam.

Tranio.

Und kommen Braut und Bräut'gam auch schon heim?

Gremio.

Bräut'gam und Braut? nein, Braut und Brautknecht sagt.
Ein grober Knecht, das Fräulein wird schon sehn.

Tranio.

Wie? schlimmer noch als sie? Unmöglich ist's.

Gremio.

Ein Teufel ist er, Teufel, Satan selbst.

Tranio.

Sie eine Teufelin, des Satans Mutter.

Gremio.

Pah! gegen ihn ein Lamm, ein Kind, ein Täubchen!
Hört, Herr Lucentio. Als der Priester frug:
„Soll Katharina werden Euer Weib?"
„Gott's Wunden, ja", schrie er und fluchte so,
Daß gleich vor Schreck der Pfaff das Buch ließ fallen;
Und wie er sich dann bückt', es aufzuheben,
Gab ihm der tolle Bräut'gam solchen Puff,
Daß Buch und Pfaff hinfiel und Pfaff und Buch.
„Nun hebt sie auf", rief er, „wenn einer mag."

Tranio.
Was sagte, als er aufstand, denn die Dirne?

Gremio.
Sie bebte nur; denn jener stampft' und schwor,
Zum besten hab' ihn der Kaplan gehabt.
Kaum sind die Ceremonien vorbei,
Ruft er: „Wein her!" und: „Prosit!" wie an Bord
Mit seiner Mannschaft zechend nach dem Sturm,
Stürzt den Muscatwein rasch hinab und wirft
Die Brocken all dem Küster ins Gesicht;
Aus keinem andern Grund,
Als weil ihm dessen hungrig dünner Bart
Zu betteln schien um Brocken, als er trank.
Darauf umhalst' er ungestüm die Braut
Und gab ihr solchen schallend lauten Schmatz,
Daß, als er losließ, rings die Kirche hallte.
Ich lief, wie ich dies sah, vor Scham hinaus,
Und gleich mir nach folgt sicherlich der Zug:
Solch tolle Hochzeit hat man nie gesehn.
Horcht, horcht! ich hör' die Musikanten schon.
(Musik.)
(Es treten auf: Petruccio, Katharina, Bianca, Battista, Hortensio, Grumio und Gefolge.)

Petruccio.
Ihr Herrn und Freunde, Dank für eure Müh.
Ich weiß, ihr denkt mit mir zu tafeln heut
Und habt viel angeschafft zum Hochzeitschmaus;
Doch leider ruft mich große Eile weg,
Weshalb ich hier gleich Abschied nehmen will.

Battista.
Ist's möglich? Ihr wollt noch heut Abend fort?

Petruccio.
Ich muß bei Tag noch fort, eh's Abend wird.
Erstaunt nicht; wüßtet Ihr um mein Geschäft,
Ihr triebt mich mehr zum Gehn als Bleiben an. —
Verehrteste Gesellschaft, meinen Dank,
Daß ihr bezeugt, wie ich mich eigen gab
Hier diesem sanften, holden, frommen Weib.
Speist mit dem Vater, trinkt auch mir ein Glas;
Denn ich muß fort — und so lebt alle wohl!

Dritter Aufzug. Zweite Scene.

Tranio.
Laßt Euch erbitten, bleibt nur bis nach Tisch.

Petruccio.
Es darf nicht sein.

Gremio.
Auch nicht wenn ich Euch bitte?

Petruccio.
Es kann nicht sein.

Katharina.
Auch nicht wenn ich Euch bitte?

Petruccio.
Es freut mich —

Katharina.
Freut Euch, hier zu bleiben, Herr?

Petruccio.
Es freut mich, daß ihr mich zu bleiben bittet,
Doch nichts von Bleiben, bittet wie ihr mögt.

Katharina.
Wenn Ihr mich liebhabt, bleibt.

Petruccio.
Grumio, mein Pferd!

Grumio.
Sie stehn bereit, Herr; der Hafer hat die Pferde aufgefressen.

Katharina.
Nun denn,
Thu was du kannst; ich reise heut nicht ab,
Auch morgen nicht, nicht bis es mir gefällt.
Die Thür ist offen, Herr, dort geht Eu'r Weg;
Trabt hin, solang' Ihr frische Stiefeln habt;
Doch ich, ich geh' nicht fort bis mir's gefällt.
Das gibt einst einen saubern Brummbär ab,
Der gleich am ersten Tag so patzig thut!

Petruccio.
O Käthchen, faß dich; bitte, sei nicht bös.

Katharina.

Ich will bös sein; was geht es dich denn an? —
Ruhig, Papa; er bleibt so lang' ich will.

Gremio.

Ach, Herr, da haben wir's; jetzt geht es los.

Katharina.

Ihr Herren, vorwärts nun zum Hochzeitsmahl. —
Ich seh', zur Närrin wird ein Weib gemacht,
Wenn sie den Muth nicht hat zu widerstehn.

Petruccio.

Recht, Käthchen; du beflehlst, sie sollen gehn. —
Gehorcht der Braut, wie's euer Dienst erheischt,
Schmaust, jubilirt und spielt den großen Herrn,
Zecht wacker los auf ihre Jungferschaft,
Seid toll und lustig, oder läßt euch hängen;
Mein herzig Käthchen aber muß mit mir.
Blickt nicht so wild, stampft, glotzt und tobt nicht so;
Ich will nur Herr sein meines Eigenthums:
Sie ist mein Hab und Gut, sie ist mein Haus,
Mein Hausgeräth, mein Speicher und mein Feld,
Mein Pferd, mein Ochs, mein Esel, ist mein Alles;
Da steht sie; rühre sie mir einer an,
Zur Rechenschaft will ich den Frechen ziehn,
Der mir in Padua den Weg vertritt. —
Zieh, Grumio, zieh! wir sind umringt von Dieben,
Hau meine Frau heraus, bist du ein Mann. —
Hab keine Furcht, lieb Kind, sie thun dir nichts;
Ich schirm' dich gegen eine Million.

(Petruccio, Katharina und Grumio ab.)

Battista.

Laßt sie nur ziehen, dieses sanfte Paar.

Gremio.

Ging es nicht bald, ich hätt' mich todtgelacht.

Tranio.

Von allen tollen Ehn die tollste doch!

Lucentio.

Fräulein, was haltet Ihr von Eurer Schwester?

Bianca.

Die Tolle hat zum Tollen sich gebettet.

Gremio.

Petruccio, sag' ich, ist gut ange-käthet.

Battista.

Nachbarn und Freunde, kommt; es fehlen zwar
An unsrer Tafel Braut und Bräutigam,
Doch fehlt es drum an leckern Bissen nicht.
Des Bräut'gams Platz nehmt Ihr, Lucentio, ein,
Und Bianca füll' der Schwester Stelle aus.

Tranio.

Soll Schön-Bianca Bräutchen spielen lernen?

Battista.

Sie soll's, Lucentio. — Laßt uns gehn, ihr Herren.
(Alle ab.)

Vierter Aufzug.

Erste Scene.

Ein Saal in Petruccio's Landhause.

Grumio tritt auf.

Grumio.

Zum Teufel alle lahmen Schindmähren, alle verrückten Herren und alle schlechten Wege! War je ein Mensch so zerschlagen? je einer so mit Koth bespritzt? war je einer so müde? Man schickt mich voraus, Feuer anzumachen, und dann kommen sie nach und wärmen sich. Ja, wär' ich nicht ein so kleiner Topf, der schnell heiß wird, wahrhaftig meine Lippen frören mir an die Zähne, meine Zunge an den Gaumen, mein Herz im Leibe fest, eh ich zu einem Feuer käme, um mich aufzuthauen; aber ich, ich wärme mich schon wenn ich das Feuer anblase, denn bei solchem Wetter müßte sich auch ein Größerer, als ich bin, erkälten. He! Hollah! Curtis!
(Curtis tritt auf.)

Curtis.
Wer ruft da so erfroren?

Grumio.
Ein Stück Eis; und wenn du's nicht glauben willst, so kannst du von meiner Schulter bis zu meiner Ferse glitschen mit keinem größern Anlauf, als ging' es nur vom Kopf bis zum Nacken. Feuer, lieber Curtis.

Curtis.
Kommt mein Herr schon mit seiner Frau, Grumio?

Grumio.
Ja doch, Curtis, ja; und darum Feuer, Feuer; leg' mir kein Wasser dran.

Curtis.
Ist sie wirklich so ein feuriger Drache wie man sagt?

Grumio.
Gewesen, lieber Curtis, gewesen, vor dieser Kälte; aber bekanntlich zähmt der Winter Mann, Weib und Vieh, er hat meinen alten Herrn gezähmt, und meine neue Herrin, und mich selber, Freund Curtis.

Curtis.
Geh, du dreizölliger Narr! ich bin kein Vieh.

Grumio.
Hab' ich nur drei Zoll? wie? Dein Horn mißt allein einen Fuß, und so lang bin ich wenigstens auch. Aber willst du jetzt Feuer machen, oder soll ich dich bei unsrer Herrin verklagen, deren Hand — sie ist gleich bei der Hand — du bald fühlen sollst, dir zu kaltem Trost, weil du so lau bist in deinem heißen Dienst?

Curtis.
Sag' mir doch, lieber Grumio, wie geht's in der Welt?

Grumio.
Kalt geht's in der Welt, Curtis, in jedem Dienst außer deinem; und darum — Feuer. Thu was du sollst, und du hast was du sollst; denn meine Herrschaft ist schier todtgefroren.

Curtis.
Das Feuer ist angemacht; also heraus mit deinen Neuigkeiten, lieber Grumio.

Grumio.

Nun, „Hans, mein Junge, he, mein Junge", so viel Neuigkeiten als aufthauen werden.

Curtis.

Geh, dein Hirn ist voll Schnurren.

Grumio.

Darum Feuer! denn mein Hirn ist ganz eingefroren. Wo ist der Koch? Ist das Nachtessen fertig, das Haus gescheuert, Binsen gestreut, Spinnweben gefegt? Sind die Leute in ihrem neuen Staat, ihren weißen Strümpfen, alle Bedienten hochzeitlich angethan? Mädchen und Becher blank, die Kannen aus dem Schrank, die Teppiche gelegt, und alles in Ordnung?

Curtis.

Alles bereit; also bitte, die Neuigkeiten.

Grumio.

Nun also, erstens: mein Pferd ist müde, Herr und Herrin ausfällig.

Curtis.

Wie so denn?

Grumio.

Aus dem Sattel in den Koth; und daran hängt als Schwanz eine lange Geschichte.

Curtis.

Laß hören, lieber Grumio.

Grumio.

Leih mir dein Ohr.

Curtis.

Hier.

Grumio.

Da! (Gibt ihm eine Ohrfeige.)

Curtis.

Das heißt eine Geschichte fühlen, nicht eine Geschichte hören.

Grumio.

Und darum nennt man's eine gefühlvolle Geschichte; und dieser Puff sollte blos an dein Ohr klopfen und um Gehör bitten. Nun fang' ich an: Imprimis, wir kamen einen garstigen Hügel herab, mein Herr ritt hinter meiner Herrin —

Curtis.

Beide auf Einem Pferde?

Grumio.

Was macht dir das aus?

Curtis.

Nun, ein Pferd.

Grumio.

So erzähl' du die Geschichte. Aber wärst du mir nicht in die Rede gefallen, so hättest du gehört, wie ihr Pferd fiel, und sie unter ihr Pferd; du hättest gehört, an was für einer schmuzigen Stelle; wie sie mit Koth bedeckt ward; wie er sie liegen ließ, mit dem Pferd auf ihr; wie er mich schlug, weil ihr Pferd gestolpert war; wie sie durch den Koth watete, um ihn von mir wegzureißen; wie er fluchte; wie sie betete, die in ihrem Leben noch nie gebetet hatte; wie ich schrie; wie die Pferde durchgingen; wie ihr Zügel riß; wie ich den Schwanzriemen verlor; nebst vielen andern denkwürdigen Dingen, die nun in Vergessenheit hinsterben werden, und du, ohne sie zu erfahren, heimkehren in dein Grab.

Curtis.

Deinen Reden nach wär' er ja noch viel bösartiger als sie.

Grumio.

Ja wohl; und du, und die Frechsten von euch werden das spüren, wenn er heimkommt. Aber was schwaz' ich davon? — Ruf mir Nathaniel, Joseph, Nikolaus, Philipp, Walter, Zuckermaul und die andern; sie sollen ihre Köpfe glatt kämmen, ihre blauen Röcke bürsten, und ihre Kniegürtel gleich schnallen; sie sollen mit dem linken Bein auskratzen, und sich nicht unterstehn ein Haar anzurühren von meines Herrn Pferdeschwanz, eh sie sich die Hände geküßt haben. Sind sie alle bereit?

Curtis.

Ja wohl.

Grumio.

So ruf sie her.

Curtis.

Hört, ihr da draußen! holla! Ihr sollt meinem Herrn entgegengehen, um meiner gnädigen Frau ein Ansehen zu geben.

Grumio.

Sie hat ja ihr eigenes Gesicht.

Vierter Aufzug. Erste Scene.

Curtis.

Wer weiß das nicht?

Grumio.

Du, wie es scheint, weil du nach Leuten rufst, um ihr ein Ansehen zu geben.

Curtis.

Ich meine, um ihr Credit zu verleihen.

Grumio.

Ei, sie will doch nichts von ihnen borgen.

(Mehrere Diener treten auf.)

Nathaniel.

Willkommen daheim, Grumio.

Philipp.

Wie steht's, Grumio?

Joseph.

Sieh da — Grumio!

Nikolaus.

Freund Grumio!

Nathaniel.

Wie geht's, alter Junge?

Grumio.

Grüß' dich Gott, du; — und du, was machst du? — auch du hier? — und du, Freund? — und so wäre abgegrüßt. Und nun, meine feinen Kameraden, ist alles fertig, alles sauber?

Nathaniel.

Alles ist fertig. Ist unser Herr noch weit?

Grumio.

Schon ganz nahe, wird gleich absteigen; und darum seid nicht — Potz Wetter, still! ich hör' ihn schon.

(Petruccio und Katharina kommen.)

Petruccio.

Wo sind die Schurken? Was! kein Mensch am Thor,
Der mir den Bügel hält, das Pferd mir abnimmt?
Wo ist Nathaniel, Philipp, Gregor?

Alle.

Hier, hier, Herr; hier, Herr.

Petruccio.

Hier, Herr! hier, Herr! hier, Herr! hier, Herr!
Ihr Klotzköpf'! ungehobelt Dienerpack!
Wie, kein Empfang? kein Eifer? kein Respect?
Wo ist der Narr, den ich vorhergeschickt?

Grumio.

Hier, Herr, und noch so närrisch wie vorher.

Petruccio.

Du Bauerlümmel, du infamer Tölpel!
Sagt' ich dir nicht: erwarte mich im Park
Und bringe diese Galgenschlingel mit?

Grumio.

Nathaniel's Rock war nicht ganz fertig, Herr,
Und Gabriel's Schuhe waren hinten los,
Kein Ruß war da um Peter's Hut zu schwärzen,
Und Walter's Dolch beim Scheidenflicker noch,
In Staatslivree nur Adam, Ralph, Gregor;
Die andern lumpig, schäbig, bettelhaft:
Doch stehn sie wie sie sind hier zum Empfang.

Petruccio.

Marsch, ihr Halunken, tragt das Essen auf.
(Diener ab.)
(Singt.)
  Wo ist mein vorig Leben hin
  Wo sind die —
Käthchen, setz' dich, sei willkommen. —
  Uf, uf, uf, uf!
(Diener kommen mit dem Abendessen zurück.)
Wird's bald? — Nun, sei doch lustig, liebstes Käthchen. —
Ihr Schlingel, meine Stiefeln ab! nun, wird's?
(Singt.)
  Ein Bruder Graurock lobesam,
   Wie er so seines Weges kam —
Halt, Schurke! du verrenkst mir ja den Fuß.
Nimm dies, und zieh den andern besser aus. —
(Schlägt ihn.)
Sei lustig, Käthchen. — Wasser her! geschwind!
Wo ist mein Windspiel Troilus? Fort, Kerl!
Und ruf mir meinen Vetter Ferdinand; —
(Diener ab)

Den mußt du küssen, Kind, und kennen lernen. —
Pantoffeln her! Krieg' ich das Wasser bald? —
(Ein Diener tritt auf mit Becken und Kanne.)
Komm, wasch dich, Käthchen; herzlich sei willkommen. —
Infamer Schlingel! läßt du's fallen? wart!
(Schlägt ihn.)

Katharina.

Habt Nachsicht, Herr; er that es nicht mit Fleiß.

Petruccio.

Ein ganz infamer Klotz, schlappöhr'ger Schuft! —
Komm, Käthchen, setz' dich, du mußt hungrig sein.
Sprichst du das Tischgebet, Schatz, oder ich? —
Was ist das? Hammel?

Erster Diener.

Ja.

Petruccio.

Wer bracht' es?

Erster Diener.

Ich.

Petruccio.

Verbrannt, und so das Essen all.
Ihr Hundevolk! Wer ist der Schuft von Koch?
Wie wagt ihr Schurken nur, mir auf den Tisch
Solch Zeug zu bringen, was ich gar nicht mag?
Da, nehmt's nur: Teller, Gläser, alles fort!
(Wirft das Essen u. s. w. ringsumher zu Boden.)
Kopflose Lümmel, ungeschliffnes Pack!
Was? murrt ihr noch? Gleich komm' ich hinter euch!

Katharina.

Ich bitt' Euch, nicht so heftig, lieber Mann;
Das Essen war ganz gut, wenn Ihr's nur mochtet.

Petruccio.

Nein, Käthchen, ganz verbrannt und trocken war's:
Und das ist mir ausdrücklich untersagt,
Weil es nur Galle zeugt und Aerger schafft;
Und besser ist's, wir fasten beide heut,
Da wir schon von Natur cholerisch sind,
Als uns durch dies verbratne Fleisch zu reizen.

Gedulde dich, wir bringen's morgen ein;
Heut Abend fasten wir in Compagnie.
Jetzt komm, ich führ' dich in dein Brautgemach.
(Petruccio, Katharina und Curtis ab.)

Nathaniel.

Sag', Peter, hast du je so was erlebt?

Peter.

Er bringt sie um mit ihrer eignen Laune.
(Curtis kommt zurück.)

Grumio.

Wo ist er?

Curtis.

In ihrem Zimmer
Und predigt von Enthaltsamkeit ihr vor,
Schimpft, flucht und zankt, daß sie, das arme Ding,
Kaum aufzusehen und zu reden wagt
Und dasitzt wie erst aus dem Traum erwacht.
Fort, fort! da kommt er ja schon wieder her.
(Alle ab.)
(Petruccio kommt zurück.)

Petruccio.

So hab' ich klug mein Regiment begonnen,
Und führ' es hoffentlich auch glücklich durch.
Nun ist mein Falke scharf, sein Magen leer,
Und bis er zahm ist, freß' er sich nicht voll;
Sonst paßt er niemals auf den Köder mir.
Noch etwas kenn' ich, was den Wildfang zähmt,
Daß er herbeikommt auf des Wärters Ruf:
Ich halt' ihn wach, wie man's dem Weihe macht,
Der schlägt und stößt und nicht gehorchen will.
Sie aß heut keinen Bissen, soll's auch nicht;
Schlief gestern nicht, und soll's auch heute nicht;
Wie von dem Essen, sag' ich von dem Bett
Ganz ohne Grund, es sei sehr schlecht gemacht;
Und werf' das Kissen da, den Pfühl dorthin,
Die Decke rechts, das Laken links heraus;
Ja und in all dem Wirrwarr geb' ich vor,
Aus zarter Sorg' um sie geschähe dies:
Und kurz, sie bleibt mir wach die ganze Nacht.
Und nickt sie etwa ein, so will ich schrein
Und toben, daß der Lärm sie wach erhält.

So tödtet man ein Weib mit Artigkeit:
Und also beug' ich ihren tollen Trotz.
Wer ein bös Weib noch besser zähmen kann,
Der thu ein christlich Werk und zeig' es an.
(Ab.)

Zweite Scene.

Padua. Vor Battista's Hause.

Tranio und Hortensio treten auf.

Tranio.

Ist's möglich, Licio, daß Fräulein Bianca
Nun einen andern als Lucentio liebt?
Ich sag' Euch, Herr, dann hintergeht sie mich.

Hortensio.

Euch selbst zu überzeugen, kommt bei Seite
Und horcht wie er ihr Unterricht ertheilt.
(Sie treten bei Seite.)
(Bianca und Lucentio treten auf.)

Lucentio.

Nun, Fräulein, nützt Euch Euer Lernen was?

Bianca.

Was lehrt Ihr, Meister? erst erklärt mir dies.

Lucentio.

Ich lehre was mein Fach: die Kunst zu lieben.

Bianca.

So werdet nur recht bald ein Meister drin!

Lucentio.

Und Ihr dann meines Herzens Meisterin!
(Gehen vorüber.)

Hortensio (tritt wieder vor).

Rasch promovirt, mein Seel'! Nun sagt einmal,
Ihr schwurt so keck, daß Euer Fräulein Bianca
Nichts auf der Welt so liebe wie Lucentio.

Tranio.

O tück'scher Amor! Treulos Weibervolk! —
Ich sag' dir, Licio, es ist unerhört.

Hortensio.

Genug der Täuschung jetzt; ich bin nicht Licio,
Auch nicht, wofür ich gelte, Musikus;
Nein, ich bin einer, den die Maske reut
Um eine, die den Edelmann verschmäht
Und solchen Lumpen macht zu ihrem Gott.
Wißt, Herr, mein Name ist Hortensio.

Tranio.

Signor Hortensio, häufig hört' ich schon
Von Eurer großen Leidenschaft für Bianca;
Ein Augenzeuge ihres Leichtsinns nun,
Will ich mit Euch, wenn Ihr's zufrieden seid,
Auf ewig ihr und ihrer Lieb' entsagen.

Hortensio.

Seht, wie das küßt und kost! Signor Lucentio,
Hier meine Hand, und hier gelob' ich fest,
Nie mehr um sie zu frein; nein, ich entsag' ihr,
Als unwerth aller frühern Zärtlichkeit,
Mit der ich thöricht ihr geschmeichelt habe.

Tranio.

Und hier leist' ich aufrichtig gleichen Schwur,
Sie nie zu nehmen, bäte sie mich drum.
Pfui! seht, wie schändlich sie dort mit ihm kost!

Hortensio.

Schwür' außer ihm doch alle Welt ihr ab!
Ich selbst, um sicher meinen Schwur zu halten,
Nehm' eine reiche Wittwe mir zur Frau,
Noch eh drei Tage um sind, die mich liebt
Seitdem ich diese stolze Fratze liebe.
Und so lebt wohl, Signor Lucentio. —
Neigung bei Fraun, nicht ihre schönen Augen,
Gewinnt mein Herz. — Und so empfehl' ich mich,
Und bin entschlossen meinen Schwur zu halten.

(Hortensio ab.)
(Lucentio und Bianca treten vor.)

Vierter Aufzug. Zweite Scene.

Tranio.

Mein Fräulein Bianca, werd' Euch alles Heil
Und froher Liebe Seligkeit zutheil!
Ja, ja, ich hab' ertappt Euch, holdes Lieb,
Und hab' entsagt Euch, sammt Hortensio.

Bianca.

Tranio, Ihr spaßt: ihr beide mir entsagt?

Tranio.

Ja, Fräulein, ja.

Lucentio.

Dann sind wir Licio los.

Tranio.

Der will sich eine lust'ge Witwe holen,
Die wird am selben Tage Braut und Frau.

Bianca.

Gott segn' es ihm!

Tranio.

Ja, und er wird sie zähmen.

Bianca.

Meint er, Tranio?

Tranio.

Traun, ging er in die Zähmungsschule doch.

Bianca.

Die Zähmungsschule! gibt es solchen Ort?

Tranio.

Ja, Fräulein, und Petruccio ist der Lehrer,
Der hundertzwanzig Künste lehrt, wie man
Ein Weib mit böser Zunge zähmen kann.

(Biondello kommt gelaufen.)

Biondello.

O Herr, o Herr, ich stand so lang' auf Wacht,
Daß ich hundsmüde bin; doch endlich sah ich
Vom Hügel steigen einen alten Engel,
Der uns wol hilft.

Tranio.

Wer ist es, Biondello?

Blondello.

Ein Mercatant, Herr, oder ein Pedant,
Ich weiß nicht recht, doch nach der steifen Tracht,
Nach Gang und Außsehn völlig vaterhaft.

Lucentio.

Was soll der, Tranio?

Tranio.

Wenn er leichtgläubig meiner Fabel traut,
So wird er gern uns den Vincentio spielen
Und bürgen bei Battista Minola
Als wär' er wirklich Herr Vincentio.
Führt Euer Liebchen fort; laßt mich allein.

(Lucentio und Bianca ab.)
(Ein Pedant tritt auf.)

Pedant.

Gott grüß' Euch, Herr!

Tranio.

Und Euch, Herr; seid willkommen!
Reist Ihr noch weiter, oder nur so weit?

Pedant.

Nur so weit, ein paar Wochen bleib' ich hier;
Dann aber reis' ich weiter bis nach Rom,
Und dann, so Gott will, bis nach Tripolis.

Tranio.

Woher des Lands? erlaubt!

Pedant.

Aus Mantua.

Tranio.

Aus Mantua, Herr? Ei, Gott verhüte das!
Und kommt nach Padua, mit Gefahr des Lebens?

Pedant.

Des Lebens, Herr! wie so? das wäre schlimm!

Tranio.

Des Tods ist jeder, der aus Mantua
Nach Padua kommt. Und wißt Ihr nicht den Grund?
Venedig legt Beschlag auf eure Schiffe;
Der Doge liegt im Streit mit euerm Herzog,

Vierter Aufzug. Zweite Scene.

Er hat es öffentlich bekannt gemacht.
Mich wundert — doch Ihr kommt soeben an,
Sonst hättet Ihr den Ausruf selbst gehört.

Pedant.

Ach, das ist doppelt schlimm für mich, mein Herr;
Denn ich hab' Wechselbriefe von Florenz,
Die ich abgeben soll in Padua.

Tranio.

Wohlan, Herr, um gefällig Euch zu sein
Will ich dies thun und diesen Rath Euch geben:
Erst sagt mir, wart Ihr je in Pisa schon?

Pedant.

Ja, Herr, in Pisa war ich oftmals schon,
Pisa berühmt durch angesehne Bürger.

Tranio.

Kennt Ihr darunter einen Herrn Vincentio?

Pedant.

Ich kenn' ihn nicht, doch hört' ich oft von ihm;
Ein Kaufmann ist er, unermeßlich reich.

Tranio.

Er ist mein Vater, Herr; und, auf mein Wort,
Er gleicht ein bischen Euch von Angesicht.

Blondello (bei Seite).

Ja, wie ein Apfel einer Auster gleicht.

Tranio.

In solcher Noth das Leben Euch zu retten,
Erweis' ich ihm zu Lieb Euch diesen Dienst,
Und haltet's nicht für Euer schlimmstes Glück,
Daß Ihr dem Herrn Vincentio ähnlich seht.
Ihr borgt jetzt seinen Namen und Credit
Und wohnt bei mir im Haus auf Freundesfuß;
Seht zu, daß Ihr nicht aus der Rolle fallt.
Herr, Ihr versteht mich doch? So bleibt Ihr hier,
Bis Eu'r Geschäft besorgt ist in der Stadt.
Wenn dies ein Dienst ist, Herr, so nehmt ihn an.

Pedant.

O Herr, wie gern! und will Euch preisen stets
Als meines Lebens, meiner Freiheit Retter.

Tranio.

Kommt denn mit mir, wir richten's gleich ins Werk.
Beiläufig aber sag' ich Euch noch dies:
Mein Vater wird erwartet jeden Tag,
Das Witthum einer von Battista's Töchtern
Hier zu verschreiben, die ich freien will.
Von all dem unterricht' ich Euch genau;
Jetzt kommt und kleidet Euch nach Euerm Stand.

(Alle ab.)

Dritte Scene.
Ein Zimmer in Petruccio's Landhause.

Katharina und Grumio treten auf.

Grumio.

Nein, nein, das wag' ich nicht um alle Welt.

Katharina.

Mit meinem Leiden steigert sich sein Hohn!
Ward er mein Mann denn nur mich auszuhungern?
Wenn Bettler flehn vor meines Vaters Thür,
So gibt man ihnen augenblicklich was;
Wo nicht, erbarmt man sich doch anderswo:
Doch ich, die nie gewußt was bitten heißt,
Und die noch niemals Noth zum Bitten zwang,
Ich sink' vor Mangel um an Speis' und Schlaf,
Mit Flüchen wach erhalten, Zank als Kost!
Und was mich mehr als aller Mangel kränkt,
Er thut es unterm Vorwand höchster Liebe;
Als sagte jemand: schlaf und iß nicht mehr,
Sonst wirst du todkrank oder stirbst sofort. —
Geh, bring mir was zu essen, bitte, geh,
Gleichgültig was, wenn's nur genießbar ist.

Grumio.

Was meint Ihr zu 'nem Rindsfuß?

Katharina.

O herrlich! schaff' ihn mir, ich bitte dich.

Vierter Aufzug. Dritte Scene.

Grumio.
Ich fürchte, das Gericht ist zu phlegmatisch.
Wie wär's — ein fett Getröse, fein geschmort?

Katharina.
Ich eſſ' es gern; Freund Grumio, hol' es mir.

Grumio.
Ich weiß doch nicht; es könnt' cholerisch sein.
Was meint Ihr — ein Stück Ochsenfleisch mit Senf?

Katharina.
O Grumio, das ist mein Leibgericht.

Grumio.
Doch möchte Senf etwas zu hitzig sein.

Katharina.
Nun denn, blos Ochsenfleisch, und keinen Senf.

Grumio.
Dann thu' ich's nicht; Ihr nehmt den Senf dazu,
Sonst holt Euch Grumio kein Ochsenfleisch.

Katharina.
Nun beides, oder eins, kurz was du willst.

Grumio.
Wohl, Senf allein denn, ohne Ochsenfleisch.

Katharina.
Mach' daß du fortkommst, höhnisch falscher Schuft,
(Schlägt ihn.)
Der mich mit Speise=Namen füttern will!
Die Pest auf dich und euer ganzes Pack,
Das meinen Jammer schadenfroh verlacht!
Fort, Kerl, ich sag' dir, fort!
(Petruccio mit einer Schüſſel und Hortenſio treten auf.)

Petruccio.
Was macht mein Käthchen? so verdrießlich, Kind?

Hortenſio.
Wie geht's Eu'r Gnaden?

Katharina.

Wahrlich, schlecht genug.

Petruccio.

Erheitre dich und schau mich lustig an.
Hier, Schatz; du siehst wie aufmerksam ich bin:
Ich richte selbst dein Mahl und bring' es dir.
(Er setzt die Schüssel auf den Tisch.)
Die Artigkeit, Süßlieb, verdient doch Dank.
Wie? nicht ein Wort? Nun denn, so magst du's nicht,
Und alle meine Mühe war umsonst. —
Da, nehmt die Schüssel.

Katharina.

Bitte, laßt sie stehn.

Petruccio.

Der ärmste Dienst wird ja mit Dank belohnt:
Auch meiner soll's, eh du das Mahl berührst.

Katharina.

Ich dank' Euch, Herr.

Hortensio.

Signor Petruccio, pfui! das war nicht schön. —
Frau Käthchen, kommt und eßt; ich halte mit.

Petruccio (bei Seite).

Hortensio, liebst du mich, iß alles auf. —
Bekomm' es deinem sanften Herzen wohl!
Iß hurtig, Käthchen. Nun, mein Honiglieb,
Laß uns zurück in deines Vaters Haus,
Und es in Staunen setzen ob der Pracht
Mit seidnen Mänteln, Hauben, goldnen Ringen,
Reifröcken, Spitzen, Litzen, andern Dingen,
Mit Schärpen, Fächern, doppeltem Ornat,
Mit Bernstein, Perlen und dergleichen Staat.
Bist du nun satt? Schon wartet dein der Schneider,
Zu hüllen dich in seine Faltenkleider. —
(Schneider tritt auf.)
Komm, Schneider, laß uns diesen Putz besehn.
Zeig' uns das Kleid. —
(Putzhändler tritt auf.)
Und Ihr da, was bringt Ihr?

Vierter Aufzug. Dritte Scene.

Putzhändler.

Den Hut, den Euer Gnaden hat bestellt.

Petruccio.

Das ist ja eine Suppenschüsselform,
Ein Sammtnapf: pfui, wie garstig und gemein!
Was? eine Muschel, eine Walnußschal',
Ein Nipps, ein Tand, ein Spielzeug, Puppenhut!
Hinweg damit! Zeigt einen größern her.

Katharina.

Nein, keinen größern; die sind Mode jetzt,
Und feine Damen tragen solche nur.

Petruccio.

Sobald du fein bist, kriegst du solchen auch,
Und eher nicht.

Hortensio (bei Seite).

Das wird so bald nicht sein.

Katharina.

Ei, Herr, mich dünkt, ich darf was sagen noch,
Und will's; ich bin kein Säugling, bin kein Kind;
Beßre als Ihr schon hörten meine Meinung;
Wennt Ihr's nicht könnt, stopft Euch die Ohren zu.
Mein Mund will sagen, was mein Herz empört,
Denn schweig' ich länger, so zerspringt mein Herz;
Und ehe dies geschehn soll, will ich frei,
Frei bis zum Aeußersten in Worten sein.

Petruccio.

Du hast ganz recht; abscheulich ist der Hut,
Ein Tortendeckel, eine Tafftpastete:
Ich lieb' dich drum, daß er dir nicht gefällt.

Katharina.

Liebt oder liebt mich nicht, der Hut gefällt mir;
Ihn will ich haben, oder keinen sonst.

(Putzhändler ab.)

Petruccio.

Dein Kleid? ach ja! — Komm, Schneider, zeig' es uns.
O, Gnad' uns Gott, was für ein Faschingsstück!
Das soll ein Aermel sein? die Halbkanone?

Wie Apfelkuchen auf und ab gekerbt?
Nur Schnipp und Schnepp und Zack' und Schnitz und Schlitz,
Gleich einem Rauchfaß in der Baderstube!
Zum Teufel, Schneider, sag', wie nennst du das?

      Hortensio (bei Seite).

Ich seh', sie kriegt wol weder Hut noch Kleid.

      Schneider.

Ihr hießt's mich machen ordentlich und gut,
Ganz nach der Mode, nach dem Zeitgeschmack.

      Petruccio.

Ja freilich; aber, wenn Ihr Euch besinnt,
Nicht es verhunzen nach dem Zeitgeschmack.
Fort, hüpft mir über Stock und Stein nach Haus,
Denn ohne meine Kundschaft hüpft Ihr, Herr.
Nichts will ich; fort! Macht was Ihr wollt damit.

      Katharina.

Ich sah noch nie ein Kleid von besserm Schnitt,
So tadellos, so zierlich und so nett.
Ich glaub', Ihr machtet gern zur Puppe mich.

      Petruccio.

Ja, ja, er machte gern zur Puppe dich.

      Schneider.

Sie sagt, Euer Gnaden machte sie gern zur Puppe.

      Petruccio.

O greulich unverschämt! Du lügst, du Zwirn,
Du Fingerhut, du Elle,
Dreiviertel-, halbe, Viertelelle, Zoll!
Du Floh, du Laus, du Stubengrille du!
Mir trotzt in meinem Haus ein Knäuel Zwirn?
Hinweg, du Lump, du Fetzen, schäb'ger Rest;
Sonst meß' ich dich mit deiner Elle aus,
Daß du dein Lebtag denkst an dein Geschwätz!
Ich sag' dir, ich, du hast ihr Kleid verpfuscht.

      Schneider.

Eu'r Gnaden irrt; das Kleid ist just gemacht
So wie's bei meinem Meister ward bestellt.
Grumio gab Auftrag wie's zu machen sei.

Grumio.
Ich gab ihm keinen Auftrag, nur das Zeug.
Schneider.
Doch wie verlangtet Ihr das Kleid gemacht?
Grumio.
Zum Henker, Herr, mit Nadel und mit Zwirn.
Schneider.
Doch habt Ihr nicht auch einen Schnitt verlangt?
Grumio.
Du hast wol schon mancherlei gewendet?
Schneider.
Ja freilich.
Grumio.
Aber wende mir meine Worte nicht um, ich sag' dir's; du hast auch schon manchen herausgeputzt, ich laß mich nicht ausputzen: ich liebe weder das eine noch das andere. Ich sage dir, ich hieß deinen Meister das Kleid zuschneiden; aber ich hieß es ihn nicht in Stücke schneiden: ergo lügst du.
Schneider.
Gut, hier ist der Zettel mit der Bestellung zum Beweis.
Petruccio.
Lest ihn.
Grumio.
Der Zettel lügt in seinen Hals, wenn er sagt, ich hätte so gesagt.
Schneider (liest).
„Imprimis, ein losleibig Kleid."
Grumio.
Herr, wenn ich je etwas von losem Leibchen gesagt habe, so näht mich in die Schleppe und schlagt mich todt mit einem Knäuel von braunem Zwirn. Ich sagte, ein Kleid.
Petruccio.
Weiter!
Schneider.
„Mit einem schmalen, runden Kragen."

Grumio.
Ich bekenne den Kragen.
Schneider.
„Mit einem Stutzärmel."
Grumio.
Ich bekenne zwei Aermel.
Schneider.
„Die Aermel modisch ausgeschnitten."
Petruccio.
Ja, da haben wir die Spitzbüberei.
Grumio.
Ein Irrthum im Zettel, Herr; ein Irrthum im Zettel. Ich bestellte die Aermel ausgeschnitten und wieder zugenäht, und das will ich beweisen gegen dich, ist gleich dein kleiner Finger mit einem Fingerhut bewaffnet.
Schneider.
Was ich sage, ist wahr; und hätt' ich dich nur wo anders, ich wollte dir's zeigen.
Grumio.
Ich stelle mich dir sogleich; nimm du den Zettel, gib mir dein Ellenmaß, und schone mich nicht.
Hortensio.
Gott verzeih mir, Grumio, da wär' er aber nicht im Vortheil.
Petruccio.
Genug, Freund; kurz und gut, das Kleid ist nicht für mich.
(Wirft es auf die Erde.)
Grumio.
Da habt Ihr recht, Herr; es ist für meine gnädige Frau.
Petruccio (zum Schneider).
Geh, heb es auf zu deines Herrn Gebrauch.
Grumio.
Schurke, bei deinem Leben nicht! Meiner gnädigen Frau Kleid aufheben für deines Herrn Gebrauch!

Vierter Aufzug. Dritte Scene.

Petruccio.

Nun, Kerl, was denkst du dir dabei?

Grumio.

O, Herr, der Sinn steckt tiefer als Ihr denkt:
Das Kleid aufheben meiner gnäd'gen Frau
Zu seines Herrn Gebrauch! O pfui, pfui, pfui!

Petruccio (bei Seite).

Hortensio, sag' ihm, er bekommt's bezahlt. —
Da nimm es fort; und geh, und sprich nichts mehr.

Hortensio.

Hör', Schneider, morgen zahl' ich dir das Kleid;
Nimm's nicht für ungut, wenn er heftig war.
Jetzt aber geh; empfiehl mich deinem Herrn.
(Schneider ab.)

Petruccio.

So, Käthchen, komm; wir gehn zu deinem Vater,
Und zwar in dieser ehrbar dürft'gen Tracht.
Der Beutel stolz, der Anzug arm: so sei's;
Der Geist allein macht ja den Körper reich,
Und wie die Sonne bricht durch Wolkennacht,
So strahlt die Ehre durchs gemeinste Kleid.
Ist denn die Elster mehr werth als die Lerche,
Weil ihr Gefieder schöner anzusehn?
Und ist die Natter besser als der Aal,
Weil ihre bunte Haut das Aug' ergötzt?
O Käthchen, nein; und du bist auch nicht schlechter
In dem geringen, ärmlichen Gewand.
Wenn du dich seiner schämst, gib mir die Schuld;
Und drum sei fröhlich! Komm, wir wollen gehn,
Zu Schmaus und Lust in deines Vaters Haus. —
Geht, ruft die Diener; denn wir reisen gleich;
Die Pferde bringt ans Ende der Allee;
Wir gehn zu Fuß hin, steigen dort erst auf. —
Laß sehn; ich denk', es ist jetzt sieben Uhr,
Wir können leicht dort sein zum Mittagsmahl.

Katharina.

Nein, ich versichr' Euch, Herr, es ist bald zwei;
Ihr seid nicht vor dem Abendessen dort.

Petruccio.
Eh ich zu Pferd steig', soll es sieben sein.
Sieh, was ich sagen, thun und wollen mag,
Stets widersprichst du. — Leute, laßt es nur.
Ich reise heute nicht; und eh ich's thu',
Soll's so viel Uhr sein, als ich sag', es ist.

Hortensio.
Ei, dieser Held befiehlt der Sonne gar.

(Alle ab.)

Vierte Scene.

Padua. Vor Battista's Hause.

Tranio und der Pedant, als Vincentio gekleidet, treten auf.

Tranio.
Dies ist das Haus; soll ich anpochen, Herr?

Pedant.
Freilich, was sonst? Irr' ich mich nicht, so muß
Signor Battista meiner sich erinnern,
Von zwanzig Jahren her, in Genua,
Wo beide wir gewohnt im Pegasus.

Tranio.
So recht; und haltet Euch, was auch gesch'ch',
Stets ernsthaft, wie es einem Vater ziemt.

(Biondello tritt auf.)

Pedant.
Verlaßt Euch drauf. Doch hier kommt Euer Bursch;
's wär gut ihn einzuweihn.

Tranio.
Seid unbesorgt vor dem. — Du, Biondello,
Paß mir jetzt auf, hörst du? und stell' dir vor,
Dies sei der wirkliche Vincentio.

Biondello.
Pah, seid nur unbesorgt.

Vierter Aufzug. Vierter Scene.

           Tranio.
Bestelltest du den Auftrag an Battista?
           Biondello.
Eu'r Vater, sagt' ich ihm, sei in Venedig,
Und wir erwarteten ihn heut in Padua.
           Tranio.
Du bist ein ganzer Kerl; nimm das, vertrink's. —
Hier kommt Battista. Jetzt an Eure Rolle!
           (Battista und Lucentio treten auf.)
Signor Battista, Ihr kommt grade recht. —
Dies, Vater, ist der Herr, von dem ich sprach.
Jetzt, bitt' ich, seid ein guter Vater mir,
Laßt mich Bianca durch mein Erbtheil haben.
           Pedant.
Nur sacht, mein Sohn! —
Erlaubt, Herr: Schulden einzuziehn kam ich
Nach Padua, wo gleich mein Sohn Lucentio
Mit etwas Wicht'gem mich bekannt gemacht,
Der Liebe zwischen ihm und Eurer Tochter;
Und da ich Gutes nur von Euch vernahm,
Und er zu Eurer Tochter Liebe hegt,
Und sie zu ihm, soll er nicht lange warten;
Als gutem Vater ist es mir ganz recht,
Wenn er vermählt wird; denkt Ihr ebenso,
Und kommen wir nur nirgend überein,
So findet Ihr mich willig und bereit
Auch meinerseits der Heirath zuzustimmen;
Bedenklich kann ich gegen Euch nicht sein,
Signor Battista, den man mir so rühmt.
           Battista.
Verzeiht mir, Herr, was ich Euch sagen muß:
Daß Ihr so kurz und offen seid, gefällt mir.
Wahr ist es, Euer Sohn Lucentio hier
Liebt meine Tochter, meine Tochter ihn,
Wenn beider Neigung sich nicht sehr verstellt;
Drum, wenn Ihr mir nur noch das Eine sagt,
Daß Ihr als Vater an ihm handeln wollt
Und ein genügend Witthum ihr verschreiben,
So ist die Heirath abgemacht
Und Euer Sohn führt meine Tochter heim.

Tranio.

Ich dank' Euch, Herr. Wo aber schließen wir
Den Bund und setzen die Verschreibung auf,
Daß beide Theile gleich zufrieden sind?

Battista.

Nicht hier, Lucentio; Wände haben Ohren,
Ihr wißt's, und groß ist meine Dienerschaft;
Auch paßt der alte Gremio immer auf,
So käme hier leicht eine Störung vor.

Tranio.

In meiner Wohnung denn, wenn's Euch beliebt;
Dort wohnt mein Vater, und wir bringen dort
Heut Abend still ins Reine das Geschäft.
Nach Eurer Tochter schickt hier Euern Diener;
Mein Bursche holt indessen den Notar.
Das Schlimmste ist — ich war nicht drauf gefaßt,
Ihr trefft wahrscheinlich schmale, magre Kost.

Battista.

Ich bin's zufrieden. — Cambio, eilt nach Haus
Und sorgt, daß Bianca schnell sich fertig macht;
Und wenn Ihr wollt, erzählt ihr was es gibt:
Lucentio's Vater sei in Padua,
Und sie vermuthlich bald Lucentio's Weib.

Lucentio.

Die Götter geben's! innig fleh' ich drum.

Tranio.

Halt dich nicht mit den Göttern auf und geh.
(Lucentio ab.)
Signor Battista, zeig' ich Euch den Weg?
Willkommen; Ein Gericht wird alles sein.
Kommt, Herr; wir machen's wieder gut in Pisa.

Battista.

Ich folge Euch.
(Tranio, Pedant und Battista ab.)

Biondello.

Cambio!

Lucentio (kommt wieder vor).

Was willst du, Biondello?

Biondello.
Ihr saht doch, wie mein Herr Euch zuwinkte und lächelte?
Lucentio.
Was wollt' er damit, Biondello?
Biondello.
Nichts, wahrhaftig; aber er ließ mich hier zurück, damit ich Euch den Sinn oder die Moral seiner Winke und Zeichen auslege.
Lucentio.
Ich bitte dich, zieh die Moral daraus.
Biondello.
Nun also: Battista ist sicher gemacht; er schwatzt mit dem erlogenen Vater eines erlogenen Sohns.
Lucentio.
Und was soll's mit ihm?
Biondello.
Ihr sollt seine Tochter zum Abendessen führen.
Lucentio.
Und dann?
Biondello.
Der alte Priester an der Sanct=Lucas=Kirche steht Euch jede Stunde zu Befehl.
Lucentio.
Und was soll das alles?
Biondello.
Ich weiß weiter nichts, als daß sie mit einer Scheinversicherung beschäftigt sind; versichert Ihr Euch indessen des Fräuleins, cum privilegio ad imprimendum solum. In die Kirche! Nehmt den Pfarrer, den Küster, und etliche ehrbare gültige Zeugen mit: Ist's dieses nicht wonach ihr sucht, rath' Euch wer rathen mag, Dann sagt Bianca Lebewohl auf ewig und einen Tag.
Lucentio.
Aber hör' doch, Biondello —
Biondello.
Ich habe keine Zeit zum Hören. Ich weiß ein Mädchen, die verheirathete sich eines Nachmittags, als sie in den Garten ging

nach Petersilie, um ein Kaninchen zu füllen: und das könnt Ihr
auch, Herr; und nun Ade, Herr. Mein Herr schickt mich nach
Sanct-Lucas, dem Pfarrer zu sagen, daß er bereit sein soll, wenn
Ihr kommt mit Euerm Appendix. (Ab.)

Lucentio.

Ich kann und will, wenn sie's zufrieden ist;
Sie wird es sein: warum bedenk' ich mich?
Komm was da mag, ich will frischweg zu ihr gehn;
Cambio wird schwerlich ohne sie von hier gehn.
(Ab.)

Fünfte Scene.

Landstraße.

Petruccio, Katharina und Hortensio treten auf.

Petruccio.

In Gottes Namen denn, nochmals zum Vater.
Herr Gott, wie hell und freundlich scheint der Mond!

Katharina.

Der Mond! die Sonne: 's ist kein Mondschein jetzt.

Petruccio.

Ich sag', es ist der Mond, der scheint so hell.

Katharina.

Ich weiß, die Sonne ist's, die scheint so hell:

Petruccio.

Bei meiner Mutter Sohn, und der bin ich,
Mond soll es sein, und Stern, und was ich will;
Sonst reis' ich nicht nach deines Vaters Haus. —
Heda! führt unsre Pferde wieder heim. —
Stets Widerspruch, und nichts als Widerspruch!

Hortensio.

Sagt so wie er, sonst kommen wir nicht fort.

Katharina.

Vorwärts, ich bitte, da wir so weit sind;
Mag's Mond sein oder Sonne, was Ihr wollt;

Vierter Aufzug. Fünfte Scene.

Und wenn Ihr es ein Nachtlicht nennen wollt,
Von nun an, schwör' ich, ist es eins für mich.

Petruccio.

Ich sag', es ist der Mond.

Katharina.

Ich weiß, der Mond.

Petruccio.

Nein, wie du lügst! die liebe Sonne ist's.

Katharina.

Dann ist's die liebe Sonne, lieber Gott,
Doch nicht die Sonne, sagt Ihr, sie sei's nicht;
So wechselt auch der Mond nach Euerm Sinn:
Was Ihr ihn nennen wollt, das ist er just,
Und soll das auch für Katharina sein.

Hortensio.

Petruccio, zu! Gewonnen ist das Feld

Petruccio.

Frisch vorwärts denn! So muß die Kugel laufen,
Nicht links und rechts unglücklich abgelenkt. —
Doch halt, was für Gesellschaft kommt denn da?
(Vincentio, in Reisekleidern, tritt auf.)
Gott grüß' Euch, schöne Frau, wohin des Wegs? —
Sag', liebes Käthchen, mir aufrichtig, sag',
Hast du solch blühende Dame je gesehn?
Wie Roth und Weiß auf ihren Wangen kämpft!
Und welche Sterne schmücken so den Himmel
Wie dieses Augenpaar ihr himmlisch Antlitz? —
Ich grüß' dich nochmals, allerschönste Maid. —
Umarm' sie Käthchen, sie ist gar zu schön.

Hortensio.

Er macht den Mann verrückt, den er zur Frau macht.

Katharina.

Jungfräuliche Knospe, schön und frisch und hold,
Wohin des Wegs? und deine Heimat wo?
Selig die Aeltern von solch schönem Kind;
Sel'ger der Mann, dem günst'ge Sterne dich
Bestimmt zur trauten Bettgenossin haben!

Petruccio.

Ei, Käthchen, du bist hoffentlich nicht toll;
Ein Mann ist's ja, alt, runzlig, welk, verwittert,
Und nicht ein Mädchen, wie du von ihm sprichst.

Katharina.

Verzeihung, alter Herr, es täuschte mich
Mein Auge, von der Sonne so geblendet,
Daß alles, was ich sah, mir grün erschien.
Nun merk' ich wohl, du bist ein würd'ger Vater;
Verzeih, ich bitte, mir mein arg Versehn.

Petruccio.

Thu's, guter alter Herr; und sag' uns auch,
Weß Wegs du reisest: ist's der unsrige,
So soll uns die Gesellschaft herzlich freun.

Vincentio.

Mein lieber Herr, und Ihr, scherzhafte Dame,
Von deren Anred' ich noch ganz verwirrt,
Ich heiß' Vincentio, und wohn' in Pisa,
Ich will nach Padua, dort meinen Sohn
Besuchen, den ich lange nicht gesehn.

Petruccio.

Wie nennt er sich?

Vincentio.

Lucentio, lieber Herr.

Petruccio.

So freut es doppelt mich, daß wir uns trafen.
Jetzt darf ich dich, wie deines Alters halb,
Verwandtschaftlich auch Theurer Vater nennen:
Die Schwester meiner Frau, der Dame hier,
Ist deinem Sohn vermählt. Erschrick nur nicht,
Noch sei dir's leid; sie ist von gutem Leumund,
Von würd'ger Herkunft, und die Mitgift reich;
Auch sonst besitzt sie jede Gabe, die
Der Gattin eines feinen Mannes ziemt.
Alter Vincentio, laß umarmen dich,
Und wandern wir zu deinem braven Sohn,
Den deine Ankunft höchlich freuen wird.

Vincentio.

Ist's Wahrheit? oder ist's Eu'r Zeitvertreib,
Wie Reisende gern thun, was aufzubinden
Dem Fremden, den Ihr unterweges trefft?

Hortensio.

Es ist so, Vater, ich versichre dich.

Petruccio.

Komm nur und überzeug' dich selbst davon;
Du traust uns nicht, weil wir vorhin gespaßt.

(Petruccio, Katharina und Vincentio ab.)

Hortensio.

Dank dir, Petruccio, das hob meinen Muth.
Zur Witwe jetzt; und ist sie eigensinnig,
Durch gleichen Trotz, du lehrtest mich's, gewinn' ich.

(Ab.)

Fünfter Aufzug.

Erste Scene.

Padua. Vor Lucentio's Hause.

Von der einen Seite treten auf **Blondello, Lucentio** und **Bianca.**
Ihnen gegenüber geht **Gremio,** in seiner eigenen Tracht, auf und ab.

Blondello.

Sacht und schnell, denn der Priester wartet.

Lucentio.

Ich fliege, Biondello; aber man braucht dich vielleicht drinnen im Hause, drum geh nur.

Blondello.

Nein, meiner Seel', erst muß ich sehn, daß Ihr die Kirche im Rücken habt; dann eil' ich zurück zu meinem Herrn, so schnell ich kann.

(Lucentio, Bianca und Biondello ab.)

Gremio.
Mich wundert, Cambio kommt noch immer nicht.
(Petruccio, Katharina, Vincentio und Gefolge treten auf.)
Petruccio.
Hier ist die Thür, Herr, dies Lucentio's Haus.
Mein Vater wohnt mehr nach dem Markte zu:
Dort muß ich hin, drum, Herr, verlaß' ich Euch.
Vincentio.
Nicht eher, als bis Ihr ein Glas geleert.
Ich böt' Euch gern zum Willkomm einen Trunk;
Zu essen gibt's vermuthlich auch etwas.
(Er klopft.)
Gremio.
Man ist beschäftigt drin; Ihr müßt stärker klopfen.
(Der Pedant erscheint oben am Fenster.)
Pedant.
Wer klopft da unten, als wollt' er die Thür einschlagen?
Vincentio.
Ist Signor Lucentio zu Hause, Herr?
Pedant.
Zu Hause ist er, Herr, aber für niemand zu sprechen.
Vincentio.
Wie aber, wenn ihm jemand ein paar hundert Pfund brächte, sich damit gütlich zu thun?
Pedant.
Behaltet Eure hundert Pfund für Euch; er braucht sie nicht, solang' ich lebe.
Petruccio.
Nun, ich sagt' Euch ja, wie beliebt Euer Sohn in Padua ist. — So hört doch, Herr! Ohne unnütze Umschweife, seid so gut und sagt dem Herrn Lucentio, sein Vater sei von Pisa angekommen und stehe hier vor der Thür, um bei ihm vorzusprechen.
Pedant.
Du lügst; sein Vater ist schon da von Pisa und schaut hier zum Fenster heraus.

Fünfter Aufzug. Erste Scene.

Vincentio.

Bist du sein Vater?

Pedant.

Ja, Herr; so sagt seine Mutter, wenn ich ihr glauben darf.

Petruccio (zu Vincentio).

Was soll das, mein Herr? das ist ja offenbare Schelmerei von Euch, sich eines andern Menschen Namen beizulegen!

Pedant.

Packt ihn, den Spitzbuben! Gewiß will er jemand anführen in der Stadt unter meiner Maske.

(Biondello kommt zurück.)

Biondello (für sich).

Ich hab' sie in der Kirche zusammen gesehn. Gott schenke ihnen eine glückliche Fahrt! — Aber wer ist hier? mein alter Herr, Vincentio! Nun ist's um uns geschehn, wir sind verloren.

Vincentio (erblickt Biondello).

Hierher, du Galgenstrick!

Biondello.

Das steht hoffentlich bei mir, Herr.

Vincentio.

Hierher, du Schuft, sag' ich. Hast du mich vergessen?

Biondello.

Euch vergessen? Nein, Herr; ich konnte Euch nicht vergessen, denn ich hab' Euch mein Lebtag nicht gesehn.

Vincentio.

Was, du weltkundiger Spitzbube, du hast den Vater deines Herrn, du hast den Vincentio nie gesehn?

Biondello.

Was? meinen alten, ehrwürdigen alten Herrn? Ja freilich, Herr; seht, da guckt er zum Fenster heraus.

Vincentio.

Ah, wirklich? meinst du so? (Schlägt ihn.)

Biondello.

Hülfe, Hülfe, Hülfe! Hier ist ein Tollhäusler, der will mich umbringen.

Pedant.

Zu Hülfe, Sohn! Zu Hülfe, Signor Battista!
(Geht vom Fenster weg.)

Petruccio.

Komm, Käthchen, treten wir beiseite und sehen zu wie dieser Streit abläuft. (Ziehen sich zurück.)
(Der Pedant erscheint unten; Battista, Tranio und Diener.)

Tranio.

Herr, wer seid Ihr, daß Ihr Euch herausnehmt meinen Diener zu schlagen?

Vincentio.

Wer ich bin, Herr? Ei wer seid denn Ihr, Herr? — O himmlischer Vater! O du feiner Spitzbube! Ein seidnes Wams! eine Sammthose! einen Scharlachmantel! und ein hoher Spitzhut! — O, ich bin ruinirt! ich bin ruinirt! während ich zu Haus den guten Wirth mache, bringen mein Sohn und mein Diener auf der Universität alles durch!

Tranio.

Nun, nun, was ist denn los?

Baftista.

Wie? ist der Mann verrückt?

Tranio.

Herr, nach Eurer Tracht scheint Ihr ein vernünftiger alter Mann, aber nach Euern Reden gehört Ihr ins Tollhaus. Ei, Herr, was geht's Euch an, wenn ich Gold und Perlen trage? Dank meinem lieben Vater erlauben mir meine Mittel das.

Vincentio.

Deinem Vater? O du Schurke! dein Vater ist ein Segelmacher in Bergamo.

Baftista.

Ihr irrt Euch, Herr, Ihr irrt Euch, Herr. Wie meint Ihr denn daß er heißt?

Vincentio.

Wie er heißt? Als ob ich nicht wüßte, wie er heißt! ich habe ihn aufgezogen von seinem dritten Jahre an: Tranio heißt er.

Pedant.

Mach' daß du fortkommst, du toller Esel! Lucentio heißt er.

Fünfter Aufzug. Erste Scene.

und er ist mein einziger Sohn und Erbe meines, des Signor Vincentio, ganzen Vermögens.

Vincentio.

Lucentio! Ha, so hat er seinen Herrn ermordet! Packt ihn, ich befehl's euch, in des Herzogs Namen. — O, mein Sohn, mein Sohn! — Sag' mir, du Schurke, wo ist mein Sohn Lucentio?

Tranio.

Holt einen Gerichtsdiener. (Es kommt jemand mit einem Gerichtsdiener.) Führt diesen tollen Kerl ins Gefängniß. — Vater Battista, Ihr sorgt dafür, daß er festgenommen wird.

Vincentio.

Mich ins Gefängniß führen!

Gremio.

Halt, Gerichtsdiener; er soll nicht ins Gefängniß.

Battista.

Redet nicht drein, Signor Gremio; ich sage, er soll ins Gefängniß.

Gremio.

Seht Euch vor, Signor Battista, daß Ihr hier nicht der Gefoppte seid. Ich möchte schwören, dies sei der echte Vincentio.

Pedant.

So schwöre, wenn du's Herz hast.

Gremio.

Nein, schwören möcht' ich doch nicht.

Tranio.

Dann könntest du ebenso gut behaupten, ich sei nicht Lucentio.

Gremio.

Nein du, das weiß ich, bist Signor Lucentio.

Battista.

Fort mit dem Faßler! ins Gefängniß mit ihm!

Vincentio.

So packt und mishandelt man hier Fremde. O scheußliche Niederträchtigkeit!

(Bionbello kommt zurück mit Lucentio und Bianca.)

Blondello.

Weh, wir sind betrogen! Und der da war's; verleugnet ihn, verschwört ihn, sonst sind wir alle verloren!

Lucentio.

Verzeihung, Vater. (Kniet nieder.)

Vincentio.

Lebt mein lieber Sohn?
(Blondello, Tranio und der Pedant laufen davon.)

Bianca.

Verzeihung, theurer Vater. (Kniet.)

Battista.

Und weshalb? —
Wo ist Lucentio?

Lucentio.

Hier ist Lucentio,
Der echte Sohn des echten Herrn Vincentio.
Durch Heirath wurde deine Tochter mein,
Indeß dein Auge täuschte falscher Schein.

Gremio.

Hier liegt ein erwiesenes Complot vor, uns alle zu hintergehen!

Vincentio.

Wo ist er, dieser Erzschuft Tranio,
Der ins Gesicht mich täuscht' und höhnte so?

Battista.

Ei, sagt mir, ist das nicht mein Cambio?

Blondello.

Aus Cambio ward nun Lucentio.

Lucentio.

Die Liebe that solch Wunder. Bianca's Liebe
Hieß tauschen mich den Stand mit Tranio,
Der mich indeß vorstellte in der Stadt;
Und glücklich endlich bin ich angelangt
In dem ersehnten Hafen meines Glücks.
Was Tranio that, er that's auf mein Geheiß;
Verzeiht ihm, theurer Vater, meinethalb.

Fünfter Aufzug. Erste Scene.

Vincentio.

Ich will dem Kerl die Nase aufschlitzen dafür, daß er mich ins Gefängniß schicken wollte.

Battista (zu Lucentio).

Aber sagt einmal, Herr, habt Ihr wirklich meine Tochter geheirathet, ohne mich um meine Einwilligung zu fragen?

Vincentio.

Seid unbesorgt, Battista, wir werden Euch schon zufriedenstellen; laßt's gut sein. Ich aber will jetzt hinein und mich für diese Niederträchtigkeit rächen. (Ab.)

Battista.

Und ich, um die Tiefe dieser Schurkerei zu ergründen. (Ab.)

Lucentio.

Hab keine Angst, Bianca; dein Vater wird nicht zürnen.
(Lucentio und Bianca ab.)

Gremio.

Mein Kuchen ward nicht gar; doch ich geh' mit ins Haus: Keine Hoffnung für mich, als mein Antheil am Schmaus.
(Ab.)
(Petruccio und Katharina treten vor.)

Katharina.

Komm, mein Gemahl, gehen wir nach und sehn wir, wie alles endet.

Petruccio.

Erst küsse mich, Käthchen, dann wollen wir gehen.

Katharina.

Wie, auf offener Straße?

Petruccio.

Ei, schämst du dich meiner?

Katharina.

Nein, Gott bewahre; aber ich schäme mich zu küssen.

Petruccio.

So laß uns wieder nach Haus. — He, Bursche, satteln wir!

Katharina.

Nein, ich gebe dir einen Kuß; nun bitt' ich dich, Schatz, bleib hier.

Petruccio.
Ist das nicht gut? Komm, meine süße Käth';
Besser einmal als nie, 's ist niemals zu spät.
(Beide ab.)

Zweite Scene.

Ein Saal in Lucentio's Wohnung. Ein Banket ist hergerichtet.

Es treten auf: Battista, Vincentio, Gremio, der Pedant, Lucentio, Bianca, Petruccio, Katharina, Hortensio und Witwe; Tranio, Biondello, Grumio und andere Diener warten auf.

Lucentio.
Zwar spät, doch endlich löst der Mißklang sich,
Und lächeln darf man nach dem Sturm des Kriegs
Der überstandnen Schrecknis und Gefahr. —
Begrüße meinen Vater, schöne Bianca;
Gleich zärtlich biet' ich deinem meinen Gruß. —
Bruder Petruccio, Schwester Katharina,
Hortensio du, mit deiner Witwe=Braut,
Zum Schmause nun! Willkommen meinem Haus!
Ein kleiner Nachtisch nur sei dies Banket
Nach unserm Festmahl; aber bitte, setzt euch,
Zum Plaudern wie zum Essen setzt euch her.
(Sie setzen sich zu Tisch.)

Petruccio.
Nur immer: setzt euch, setzt euch! eßt und eßt!

Battista.
In Padua ist man artig, Sohn Petruccio.

Petruccio.
In Padua ist alles artig, ja.

Hortensio.
Uns beider willen wünscht' ich, dem wär' so.

Petruccio.
Hortensio, traun, macht seine Witwe bang.

Witwe.
Traut mir in nichts mehr, macht mir einer bang.
Petruccio.
Sehr sinnreich, aber doch den Sinn verfehlt;
Ich mein', Hortensio wird bang vor Euch.
Witwe.
Wer schwindlig ist, der denkt, die Welt geht rund.
Petruccio.
Rund abgeführt!
Katharina.
"Madam', wie meint Ihr das?
Witwe.
Wie ich's von ihm empfing.
Petruccio.
Von mir empfing! Hortensio, hört Ihr das?
Hortensio.
Sie meint, ihr Wort gleicht dem, das sie empfing.
Petruccio.
Gut ausgelegt! — Küßt ihn drum, liebe Witwe.
Katharina.
"Wer schwindlig ist, der denkt, die Welt geht rund" —
Ich bitt' Euch, sagt, was meintet Ihr damit?
Witwe.
Eu'r Mann, mit einem zänk'schen Weib beglückt,
Glaubt, daß der Schuh auch meinen Mann hier drückt:
Da habt Ihr meine Meinung.
Katharina.
Eine sehr
Gemeine Meinung.
Witwe.
Recht, ich meine Euch.
Katharina.
Ja wohl, ich bin gemein, hör' ich auf Euch.

Petruccio.
Drauf, Käthchen!

Hortensio.
Witwe, drauf!

Petruccio.
Um hundert Mark
Wett' ich, mein Käthchen kriegt die Witwe unter.

Hortensio.
Das ist mein Amt.

Petruccio.
Gesprochen wie ein Amtmann. Auf dein Wohl!
(Er stößt mit Hortensio an.)

Baptista.
Was sagt Freund Gremio zu dem witz'gen Volk?

Gremio.
Sie stoßen gut zusammen Kopf an Kopf.

Bianca.
Wie, Kopf und Stoß! Ein Witzbold würde sagen:
Das „Kopf und Stoß" bedeute „Kopf und Horn".

Vincentio.
Ah, junge Frau, hat Euch dies aufgeweckt?

Bianca.
Ja, aber nicht erschreckt; drum schlaf' ich fort.

Petruccio.
O nein, das sollt Ihr nicht; Ihr selbst fingt an,
Macht Euch gefaßt auf ein paar scharfe Pfeile.

Bianca.
Bin ich Eu'r Vogel, wechsl' ich meinen Busch,
Und dann verfolgt mit Eurem Bogen mich.
Hiemit gehabt Euch wohl.
(Bianca, Katharina und die Witwe ab.)

Petruccio.
Sie wich Euch aus. — Hier, Signor Tranio,
Der Vogel war Eu'r Ziel, doch traft Ihr nicht;
Ein Hoch auf jeden, dessen Schuß gefehlt!

Fünfter Aufzug. Zweite Scene.

Tranio.

O Herr! Lucentio glaubt, ich sei sein Windspiel,
Das läuft für sich, doch fängt für seinen Herrn.

Petruccio.

Ein gutes rasches Bild, nur etwas hündisch.

Tranio.

Gut ist's, daß Ihr, Herr, für Euch selbst gejagt;
Denn Euer Wild, scheint's, macht Euch große Noth.

Battista.

Oho, Petruccio! Tranio traf Euch nun.

Lucentio.

Dank, lieber Tranio, für diesen Hieb.

Hortensio.

Gesteht, gesteht, getroffen hat er Euch.

Petruccio.

Er hat mich leicht gestreift, ich will's gestehn;
Und da der Witz an mir vorüberglitt,
Zehn gegen eins, traf er euch zwei ins Herz.

Battista.

Mein Sohn Petruccio, nun in vollem Ernst,
Die Widerspenstigste, denk' ich, hast du.

Petruccio.

Ich sage, nein; und zum Beweis hiefür
Schick' jeder von uns fort nach seinem Weib;
Und wessen Weib am willigsten gehorcht,
Zuerst erscheint wenn er sie rufen läßt,
Gewinnt die Wette, die wir ausgemacht.

Hortensio.

Es sei! Was gilt die Wette?

Lucentio.

     Zwanzig Kronen.

Petruccio.

Zwanzig Kronen!
So viel wett' ich auf meinen Hund und Falken,
Doch zwanzigmal so viel auf meine Frau.

Lucentio.
Nun, hundert denn.
Hortensio.
Mir auch recht.
Petruccio.
Topp! es gilt.
Hortensio.
Wer macht den Anfang?
Lucentio.
Ich. — Geh, Biondello,
Und bitte deine Herrin zu mir her.
Biondello.
Ich gehe. (Ab.)
Battista.
Halb Part, mein Sohn; ich sage, Bianca kommt.
Lucentio.
Nichts von halb Part; ich halt' es ganz allein.
(Biondello kommt zurück.)
Nun, nun, wie steht's?
Biondello.
Herr, Eure Frau läßt sagen,
Daß sie zu thun hat und nicht kommen kann.
Petruccio.
Sie hat zu thun! sie kann nicht kommen! Wie?
Ist das 'ne Antwort?
Gremio.
Eine art'ge noch;
Dankt Gott, wenn Euch Eu'r Weib nicht schlimmre schickt.
Petruccio.
Ich hoffe, beßre.
Hortensio.
Geh, Biondello, bitte meine Frau
Sogleich zu kommen.
(Biondello ab.)
Petruccio.
Bitte sie! Oho!
Dann muß sie kommen.

Hortensio.
So? Ich fürchte, Herr,
Daß bei der Euern Euch kein Bitten hilft.
(Biondello kommt zurück.)
Nun, wo ist meine Frau?
Biondello.
Sie sagt, Ihr habt wol einen Scherz im Sinn;
Sie will nicht kommen, wünscht, Ihr kämt zu ihr.
Petruccio.
O, immer toller! Will nicht kommen? Ha!
Ganz unerträglich, unausstehlich, schlecht! —
Jetzt, Grumio, geh du zu deiner Herrin,
Sag', ich befehl' ihr, daß sie zu mir kommt.
(Grumio ab.)
Hortensio.
Die Antwort weiß ich.
Petruccio.
Nun?
Hortensio.
Sie wolle nicht.
Petruccio.
Dann hab' ich halt verspielt, und damit gut.
(Katharina tritt auf.)
Battista.
Bei Unsrer lieben Frau, hier kommt Katharina!
Katharina.
Was wünscht Ihr, Herr, daß Ihr mich rufen laßt?
Petruccio.
Wo ist Bianca, und Hortensio's Weib?
Katharina.
Sie plaudern drin im Saale am Kamin.
Petruccio.
Geh, hole sie; und folgen sie nicht gleich,
So peitsche sie zu ihren Männern her.
Geh, sag' ich, schaff' sie augenblicks herbei.
(Katharina ab.)

Lucentio.

Hier ist ein Wunder, wenn's je Wunder gab.

Hortensio.

Ja wohl; mich wundert nur, was es bedeutet.

Petruccio.

Was sonst als Friede, Liebe, ruhig Leben,
Gut Regiment und richt'ge Oberhoheit,
Kurz alles, was uns Glück und Freude bringt?

Battista.

Nun, Sohn Petruccio, wohl ergeh es dir!
Ja, du gewannst die Wette; dem Gewinst
Leg' ich noch zwanzigtausend Kronen zu
Als andre Mitgift für ein andres Kind,
Denn eine andre ist sie als sie war.

Petruccio.

Nein, meine Wette will ich besser noch
Gewinnen; neue Proben geb' sie euch
Von hergestellter Zucht und Folgsamkeit.
Da bringt sie eure trotz'gen Fraun, gefangen
Durch ihre weibliche Beredsamkeit.
(Katharina kommt zurück mit Bianca und der Witwe.)
Der Hut da, Katharina, steht dir nicht;
Weg mit dem Plunder, tritt mit Füßen drauf.
(Katharina reißt den Hut ab und wirft ihn hin.)

Witwe.

O Gott! gib niemals mir zum Seufzen Grund,
Bis man auf solcher Schwäche mich ertappt!

Bianca.

Pfui! welch verrückte Folgsamkeit von Euch!

Lucentio.

O, wär' nur Eure gleichfalls so verrückt;
Schön-Bianca, Eure kluge Folgsamkeit
Kostet heut Abend hundert Kronen mich.

Bianca.

Was seid Ihr auch so dumm und wettet drauf!

Petruccio.

Erkläre, Käthchen, diesen trotz'gen Fraun,
Was sie den Herrn und Gatten schuldig sind.

Witwe.

Geht, geht, Ihr spaßt; wir brauchen nichts erklärt.

Petruccio.

Thu's, ich befehl's; und fang mit ihr gleich an.

Witwe.

Sie soll nicht.

Petruccio.

Ich sag', sie soll; — und fang mit ihr gleich an.

Katharina.

Pfui, pfui! Entrunzle deine finstre Stirn,
Und schleudre solche Zornesblicke nicht
Auf deinen Herrn und König, deinen Lenker;
Wie Frost die Flur versehrt's die Schönheit dir,
Wie Sturm in Blüten wühlt's in deinem Ruf
Und ist durchaus nicht lobenswerth und schicklich.
Ein geifernd Weib gleicht der getrübten Quelle,
Morastig, eklig, dick, der Schönheit bar;
Und dann mag einer noch so durstig sein,
Er rührt nicht einen Tropfen an davon.
Dein Gatte ist dein Herr, dein Schutz, dein Leben,
Dein Oberhaupt, dein Fürst; er sorgt für dich
Und deinen Unterhalt, gibt seinen Leib
Mühn und Gefahren preis zu Land und See,
Harrt aus bei Nacht im Sturm, bei Tag im Frost,
Derweil du warm und sicher ruhst zu Haus,
Und heischt dafür nicht anderen Tribut
Als Liebe, holden Blick und Folgsamkeit:
Zu kleine Zahlung für so große Schuld.
Was einem Könige der Unterthan,
Das schuldet eine Gattin ihrem Mann;
Und wenn sie trotzig, launisch, finster ist,
Unfolgsam seinem billigen Gebot,
Was ist sie als ein garstiger Rebell,
Die ihres Herren Liebe schnöd verräth? —
Ich schäme mich, daß Fraun so albern sind
Und nicht um Frieden knien, statt Krieg zu führen;
Und daß sie lenken, meistern, herrschen wollen,

Sie, die nur lieben, dienen, folgen sollen.
Warum ist unser Bau schwach, zart und fein,
Nicht für die Mühsal dieser Welt geschickt,
Wenn sich nicht eine sanfte Sinnesart
Mit unserm Aeußern wohlgefällig paart?
Geht, geht, ohnmächt'ge trotz'ge Würmer ihr!
Mein Sinn war einst so starr wie eurer ist,
Mein Herz gleich stolz; vielleicht hatt' ich mehr Grund,
Wort gegen Wort, Zorn gegen Zorn zu setzen.
Nun seh' ich, unsre Lanzen sind nur Stroh,
Schwach unsre Kraft, nicht stärker als ein Kind;
Am liebsten scheinen wir was wir nicht sind.
Drum dämpft den Trotz, der euch nichts helfen kann,
Legt eure Hände untern Fuß dem Mann;
Als Zeichen meiner Pflicht und Folgsamkeit,
Wenn er's befiehlt, ist meine Hand bereit.

Petruccio.

Das ist ein Weib! — Komm, Käthchen, küsse mich.

Lucentio.

Geh, alter Junge, geh, ich zahle dich.

Vincentio.

Wie lieblich zu hören, wenn Kinder sind willig!

Lucentio.

Doch schrecklich zu hören, wenn Weiber sind grillig!

Petruccio.

Komm, Käthchen, zu Bett. — Wir drei sind vermählt,
Doch ihr beiden habt sicher den Weg verfehlt.
Ihr traft zwar ins Blanke; doch ich bin's, der lacht:
Die Wette gewann ich, und wünsch' euch Gut' Nacht.

(Petruccio und Katharina ab.)

Hortensio.

Du hast den Drachen gebändigt, sei froh.

Lucentio.

Ein Wunder, daß sie sich ließ zähmen so.

(Alle ab.)

Anmerkungen zu „Zähmung einer Widerspenstigen".

S. 3, Z. 8 v. u.: „Geh mir, Sanct-Hieronymus." — Englisch: „Go by, Saint Jeronimy"; andere lesen: „Go by, Jeronimy". Die Stelle ist aus Kyd's „Spanish Tragedy" und lautet dort: „Hieronimo beware, go by, go by", laß ab, laß ab. Die ganze Tragödie, namentlich aber diese Stelle, war zu Shakespeare's Zeit ein Gegenstand des Spottes geworden. Wir haben den „Saint" Jeronimy beibehalten, weil er uns zu der offenbar von Shakespeare herrührenden Charakteristik des Betrunkenen mit zu gehören scheint, der soeben auch „Richard" statt Wilhelm der Eroberer gesagt und das spanische pocos palabras in paucas pallabris und das italienische cessa in Sessa verwandelt hatte. In der alten Komödie findet sich von all dem nichts.

S. 3, Z. 5 v. u.: „Den Drittelsmeister." — D. h. den Constabler. So auch in „Verlorne Liebesmüh", I, 1, woselbst der Tharborough „Thirdborough" genannt wird.

S. 5, Z. 19 v. u.: „Und wenn er sagt, er sei — sagt ihm, er träume." — „And when he says he is, — say that he dreams." Der Gedankenstrich fehlt in der Folio, auch einer der neuesten Herausgeber Shakespeare's, Grant-White, wehrt sich gegen denselben und faßt das „he is" als Gegensatz zu dem vorhergehenden „hath been lunatic", verrückt gewesen, auf. Johnson liest: „he's Sly". Rowe setzt „poor" hinzu; andere vermuthen den Ausfall eines Verses. Wir gestehen, daß der unvollendete Satz des Lords uns keinerlei Schwierigkeiten macht, und das Was? zu dem „er sei" — durch Betonung und Spiel entbehrlich wird.

S. 5, Z. 9 v. u.: „So nehmt ihn sacht, und fort ins Bett mit ihm." — Hier tauscht im ältern Stück der Lord seinen Mantel mit dem eines Dieners.

S. 6, Z. 16 v. u.: „Es war wol Soto, den Eu'r Gnaden meint?" — Was für ein Stück hier gemeint ist, wissen wir nicht. Der Soto in Beaumont und Fletcher's „Women Pleased" kann es durchaus nicht sein. Die Folio hat „Sinklo" statt Soto. So hieß ein untergeordneter Schauspieler der Shakespeare'schen Truppe, und der Name Sinklo kommt auch im 2. Theil von „Heinrich IV." und im 3. Theil von „Heinrich VI." vor.

S. 7, Z. 15 v. u.: „So thut wol eine Zwiebel solchen Dienst." — Aehnlich in Antonius und Kleopatra: „the tears live in an onion".

S. 8, Z. 3 v. o.: „Man erblickt Schlau." — Die alte Bühnenweisung lautete: „Der Trunkenbold tritt oben auf", d. h. auf einem schmalen Balkon im Hintergrund der Bühne, welcher Thürme und erhöhte Plätze vorzustellen hatte, auf welchen die Personen des Stückes erschienen. Von hier aus also sah der Kesselflicker zu.

S. 8, Z. 7 v. o.: „Um Gottes willen, einen Krug Dünnbier!" — Gegen den Katzenjammer. Wurde schon damals von der ärmern Klasse gegen den Katzenjammer angewendet und wird auch noch heute statt Sodawassers getrunken.

S. 8, Z. 5 v. u.: die dicke Bierwirthin von Wincot." — Wincot, die gewöhnliche Aussprache von Wilmcote, ein Dorf bei Stratfort-on-Avon, wo Shakespeare's Großvater, Robert Arden, lebte. Shakespeare ist wol manchmal dort eingekehrt; aus der Kneipe ist aber eine Mühle geworden.

S. 13, Z. 15 v. u.: „Padua, der Künste Pflegerin." — Zu Shakespeare's Zeit die besuchteste und berühmteste Universität Italiens. Petrarca, Columbus, Galilei hatten dort studirt.

S. 14, Z. 10 v. o.: „Mi perdonate." — Wir begegnen in diesem Stück sehr häufig italienischen Phrasen, was eigentlich antishakespearisch ist und sich mehr bei seinen Zeitgenossen findet. Ben Johnson, auch Webster und namentlich Marston gefallen sich darin, solche fremde Brocken einzustreuen. Nur in „Verlorne Liebesmüh" thut es auch Holofernes, aber als Nichtitaliener, und um eine komische Wirkung hervorzubringen.

S. 14, Z. 8 v. u.: „Gewiß ein Zug, der uns begrüßen will." — Tranio erklärt die Auftretenden: Battista, Katharina, Bianca u. s. w. ironisch für eine Art Deputation, wie sie vornehmen Leuten entgegengeschickt wurde, wenn sie durch eine Stadt reisten.

S. 14, Z. 7 v. u.: „Battista, Gremio u. s. w. treten auf." — In der Folio heißt es: „Gremio, ein Pantalon" — italienische Charaktermaske. Vgl. „Wie es euch gefällt", II, 7:
    „Into the lean and slipper'd Pantaloon
    With spectacles on nose and pouch on side,
    His youthful hose, well sav'd, a world too wide
    For his shrunk shank."

S. 15, Z. 3 v. o.:
„um sie werben.
Sie gerben eher." Im Englischen ein auch sonst vorkommendes, auf gleicher Aussprache beruhendes Wortspiel zwischen „to court" und „to cart". To cart = zur Strafe in einem Karren durch die Stadt geführt werden, „as expiation of incontinency". Grant-White.

S. 18, Z. 13 v. u.: „Wie Anna mit Karthagos Königin." — Anna, Schwester und Vertraute der Dido, im vierten Buche der Aeneide; Shakespeare aber vielleicht aus Marlow's Drama „Dido" zunächst bekannt geworden.

S. 18, Z. 4 v. u.: „Redime te captum, quam queas minimo." — Aus Terenz, „Eunuchus", I, 1, aber nicht ganz wortgetreu. Ohne Zweifel in dieser Form aus Lili's Grammatik entlehnt.

S. 20, Z. 19 v. u.: „Nimm meinen bunten Hut." — Wie ihn die Vornehmen im Gegensatz zu Leuten geringen Standes trugen.

S. 22, Zweite Scene. — Nach Grant-White wäre diese ganze Scene nicht von Shakespeare's Hand.

S. 23, Z. 16 v. u.: „Und nicht mehr mitspielt." — Englisch: a pip out = two and thirty im Kartenspiel. Wer mehr als 31 Punkte im Spiel hatte, mußte antreten (pip out) aus dem Kartenspiel, spielte nicht mehr mit. (Delius.)

S. 24, Z. 15 v. u.: „Wär' sie so häßlich wie Florentius, Dame." — Gower im ersten Buche seiner „Confessio Amantis" erzählt die Geschichte des Ritters Florent, der um sein Leben zu retten ein Weib heirathete:
„Which was the lothest wighte,
That ever man cast on his eye",
wiederholt von Chaucer in der „Frau von Bath", und von Voltaire in seiner Erzählung „Ce qui plait aux dames".

S. 24, Z. 14 v. u.: „zänkisch und voll Trotz." — Englisch: „curst and shrewd." Für das letzte so oft wiederkehrende Wort möge hier eine Erklärung von Grant-White stehen: „Shrewd now is only used in the sense of keen, as applied to the mind. But this sense is merely figurative. The radical idea of the word shrew is irritation, sharp annoyance."

S. 32, Z. 13 v. o.: „Petruccio, ich bin Eu'r ben venuto." — Scherzhafter Reim. Hortensio, der schon einmal Petruccio gegenüber das ben venuto gebraucht hat, meint hier jedenfalls, daß er deshalb demselben ben venuto sein werde, weil er ihm zu einem reichen Weibe verhelfe. Wem der Scherz dennoch zu gewagt erscheinen sollte, der lese getrost: „Petruccio, ich bin Euer ben venuto."

S. 32. Am Schluß des ersten Aufzugs folgt in dem ältern Stück wieder ein kurzes Gespräch zwischen dem Kesselflicker und dem als Bedienten verkleideten Lord. Mit den Worten Schlau's: „Bravo, hier kommen zwei hübsche Damen", wird das Auftreten Katharina's und Bianca's eingeleitet.

S. 34, Z. 1 u. 2 v. o.:
„barfuß tanzen, —
Affen zur Hölle führen."
Sprichwörtliche Bezeichnung für alte Jungfern. Ueber die Entstehung dieser Redensart konnten wir nichts auffinden. So auch in „Viel Lärmen um Nichts", II, 1.

S. 36, Z. 17 v. o.: „Lucentio ist Euer Name? Und woher?" — Ein Versehen des Dichters, denn Battista kann Lucentio's Namen noch nicht wissen. Vielleicht könnte man auch statt your name? my name? lesen, und die paar Worte noch dem Tranio zutheilen.

S. 39, Z. 7 u. 9 v. u.:
„Was ist beweglich?"
„Ein Sessel."
S. „König Lear", III, 6.

S. 40, Z. 8 v. u.: Wer weiß nicht wo der Wespe Stachel sitzt? Im Schweif." — „In his tail." Wahrscheinlich noch ein Wortspiel zwischen „tail" und „tale", das für uns unübersetzbar war.

S. 41, Z. 17 v. o.: „Mit welchem Helmschmuck? einem Hahnenkamm? — Im Englischen: „coxcomb", Narrenkappe und Hahnenkamm.

S. 45, Z. 7 v. o.: „Sonntag soll die Hochzeit sein." — Refrain aus einem Volkslied, von dem Collier die folgende Strophe citirt, und der auch als eine Art Refrain in unserm Stück mit kleinen Variationen immer wiederkehrt:
„To church away!
We will have rings .
And fine array,
With other things
Against the day,
For I'm to be married on Sunday."

Anmerkungen zu „Zähmung einer Widerspenstigen".   109

S. 49, Z. 17 v. u.: „Hic ibat Simois" u. f. w. — Aus
Ovid: „Epist. Her. Penelope Ulyssi, v. 33."

S. 54, Z. 12 v. o.: „Die vierzig neuen, lustigen Liebeslieder." — „The humor of forty fancies". Nach Steevens wahrscheinlich eine Sammlung von solchen kleinen Liedern, die auch von
Falstaff im 2. Theil von „Heinrich IV." fancies genannt werden.

S. 61. Vierter Aufzug. — Ursprünglich schloß der dritte Aufzug
mit der Scene zwischen Tranio und dem Pedanten (IV, 2). Der vierte
fing mit der Scene zwischen Katharina und Grumio an und schloß
mit dem Kuß auf der Straße (V, 1). Der fünfte Aufzug bestand nur
aus der Banketscene. Wir finden mit Grant-White die ursprüngliche
Eintheilung dramatischer.

S. 71, Z. 4 v. u.: „Ein alter Engel." — In der entsprechen-
den Stelle der englischen Uebersetzung von Ariost's „Suppositi" heißt
der Pedant „a good soul", eine gute Seele; was auch für uns
weniger fremdartig klingt.

S. 82, Schluß der 3. Scene: „Ei, dieser Held befiehlt der
Sonne gar." — Nach diesen Worten werden von Pope aus dem
alten Stück die folgenden Linien eingeschaltet:

                              Lord.
He! Niemand da drin?
               (Schlau schläft. Diener kommen.)
Da schläft er wieder. Hebt ihn sachte auf und steckt ihn wieder in
seine eigenen Kleider. Aber sorgt, daß ihr ihn in keinem Fall aufweckt.

                           Ein Diener.
Es soll geschehn, Mylord. (Zu den Dienern.) Kommt, helft ihn
forttragen.   (Sie tragen Schlau fort, nach dem alten Stück ins Bierhaus.)

S. 84, Z. 1 v. u.: „Halt dich nicht mit den Göttern
auf und geh." — Nach diesen Worten folgt in der Folio eine
Bühnenweisung: „Peter tritt auf", nämlich um den vermeintlichen
Vincentio hinauszurufen.

S. 96, 2. Scene: „Ein Banket ist hergerichtet." — Unter
Banket verstand man früher nur einen kleinen Nachtisch mit Wein,
ähnlich unserm Dessert, das nach der eigentlichen Festmahlzeit in
einem andern Zimmer eingenommen wurde.

S. 99, Z. 8 v. o.: „Denn Euer Wild" u. f. w. — Englisch: your „deer" und „dear".

Nach dem fünften Aufzuge steht in ältern Ausgaben bis auf Capett noch folgendes

Nachspiel.

Zwei Diener tragen Schlau in seinen eigenen Kleidern herein und legen ihn auf die Bühne. Dann kommt ein Bierzapfer.

Schlau (wacht auf).

Simon, noch etwas Wein her! Wie, sind die Schauspieler alle fort? bin ich kein Lord?

Bierzapfer.

Ein Lord? ja Kuchen! bist du noch immer besoffen?

Schlau.

Wer ist das? Bierzapfer, o ich hatte den prächtigsten Traum, von dem du je in deinem Leben gehört hast.

Bierzapfer.

Meinetwegen, zum Henker! Aber du thätest am besten dran, heimzugehen, denn dein Weib wird dich schön ausschelten, daß du hier die ganze Nacht verträumst.

Schlau.

Wird sie? Ich weiß, wie man einen Drachen zähmt. Ich hab' diese ganze Nacht davon geträumt; und du hast mich aus dem besten Traume geweckt, den ich je gehabt. Aber ich will zu meinem Weibe und sie auch zähmen, wenn sie mich ärgert.

www.ingramcontent.com/pod-product-compliance
Lightning Source LLC
Chambersburg PA
CBHW020124170426
43199CB00009B/628